Deutsche Demokratie

M. Gross & V. Weimann

Das Wesen der Staatsgewalt

Nutzen Sie unseren bequemen Onlineshop!

- Ausführliche Informationen
- Aussagekräftige Leseproben
- Schnäppchen & besondere Angebote

www.kohlverlag.de

Deutsche Demokratie — Das Wesen der Staatsgewalt

1. Auflage 2015

© Kohl-Verlag, Kerpen 2015
Alle Rechte vorbehalten.

<u>Inhalt</u>: Manuel Gross & Viktoria Weimann
<u>Coverbild</u>: © Sven Vietensee - fotolia.com & Tobias Koch - wikimedia commons
<u>Grafik & Satz</u>: Kohl-Verlag
<u>Druck</u>: farbo prepress GmbH, Köln

Bestell-Nr. 11 771

ISBN: 978-3-95686-760-6

Weitere Bildquellen:

Seite 6	© Frank Wagner - fotolia.com
Seite 7	© Fineas - fotolia.com
Seite 8	© Stefanos Kyriazis - fotolia.com Andrew Dunn - wikimedia commons
Seite 11	© mathess - fotolia.com
Seite 14	© Thomas Reimer - fotolia.com
Seite 16	© Kromosphere & BillionPhotos.com - fotolia.com
Seite 17	© fotomek - fotolia.com
Seite 18	© picsfive - fotolia.com
Seite 20	© clipart.com
Seite 22	© Sven Vietense - fotolia.com
Seite 23	© Marcito - fotolia.com
Seite 24	© fotolia.com
Seite 27	© Horst Frank - wikimedia commons
Seite 28	© Trueffelpix - fotolia.com
Seite 30	© lassedesignen - fotolia.com
Seite 31	© Peter Atkins, cristovao31, Catalin Pop, alho007, milatas & Kzenon - fotolia.com
Seite 32	© Sven Vietense & Iurii Sokolov - fotolia.com Sven Koch - wikimedia commons
Seite 33	© Zerbor - fotolia.com
Seite 34	© Robert Kneschke - fotolia.com
Seite 35	© flyinger - fotolia.com
Seite 37	© Eisenhans & DOC RABE Media - fotolia.com
Seite 38	© Iculig - fotolia.com
Seite 39	© Zerbor - fotolia.com
Seite 41	© diego cervo, sepy, drubig-photo, Dasha Petrenko, Robert Kneschke, Minerva Studio & gbrafikplusfoto - fotolia.com
Seite 43	© Focus Pocus LTD - fotolia.com
Seite 46	© 3dkombinat - fotolia.com
Seite 48	© haru_natsu_kobo, Jeanette Dietl & grafikplusfoto - fotolia.com

Inhalt

DEUTSCHE DEMOKRATIE – Das Wesen der Staatsgewalt – Bestell-Nr. 11 771

Vorwort

Sehr geehrte Kolleginnen und Kollegen,

vor dem Hintergrund, dass wir in einer demokratischen Gesellschaft leben, stellt das Thema Demokratie einen besonders wichtigen Themenkomplex in der Schule dar. Wir haben den Auftrag, die Schülerinnen und Schüler hin zu demokratisch Denkenden und mündigen Bürgern zu erziehen. In diesem Sinne will der vorliegende Band Sie bei der alltäglichen Erziehungsarbeit, aber auch ganz gezielt im Politikunterricht unterstützen.

Es geht darum, dass sich die Schüler zunächst einmal allgemein mit dem Demokratiebegriff und den unterschiedlichen Demokratieformen auseinandersetzen, um anschließend die demokratischen Elemente speziell in der Bundesrepublik kennenzulernen. Dabei bleibt dieses Werk nicht auf der theoretischen Ebene stehen, sondern es werden ganz gezielt auch praxisnahe Elemente mit aufgenommen. Auch auf eine alltagsnahe Vermittlung, die sich an der Lebenswelt der Schüler orientiert, wurde hier besonders Wert gelegt. Dabei werden die Schüler immer wieder dazu angehalten, ihre eigene Meinung mit einzubringen. So wird Kompetenz erarbeitet, einen eigenen Standpunkt herauszubilden und diesen auch begründen zu können. Dies stellt eine unerlässliche Voraussetzung dafür dar, dass die Schüler lernen, für sich selbst und für andere Verantwortung zu übernehmen und dementsprechend zu handeln.

In methodischer Hinsicht sind die Aufgaben auf verschiedene Sozialformen wie Einzelarbeit, Partnerarbeit und Gruppenarbeit ausgerichtet, was zu einem abwechslungsreichen Unterricht beiträgt. Dabei wurde darauf geachtet, dass sich diese sinnvoll ergänzen. So werden Texte im Rahmen eines kooperativen Lernens oft in Partner- oder Gruppenarbeit erschlossen. Aber auch zum Einstieg in ein Thema ist das kooperative Lernen eine sinnvolle Methode. Grundsätzlich sind die Aufgaben innerhalb eines Kapitels so gestaltet, dass sie sich in ihrem Schwierigkeitsgrad steigern. So werden sowohl leistungsschwächere als auch leistungsstarke Schüler in gleichem Maße angesprochen.

Viel Freude und Erfolg beim Einsatz der vorliegenden Kopiervorlagen wünschen Ihnen der Kohl-Verlag und

Manuel Gross & Viktoria Weimann

Bedeutung der Symbole:

Einzelarbeit **EA**	Partnerarbeit **PA**
Schreibe ins Heft/ in deinen Ordner	Arbeiten in kleinen Gruppen **GA**
	Arbeiten mit der ganzen Gruppe **GA**

Was bedeutet Demokratie eigentlich?

<u>Was heißt Demokratie?</u>

<u>Aufgabe 1</u>:   *Was fällt euch zum Begriff „Demokratie" ein?*

a)   *Findet euch in 3er- oder 4er-Gruppen zusammen*

b)   *Teilt den Papierbogen so auf, dass jeder ein eigenes Feld hat und zusätzlich ein freies Feld in der Mitte entsteht.*

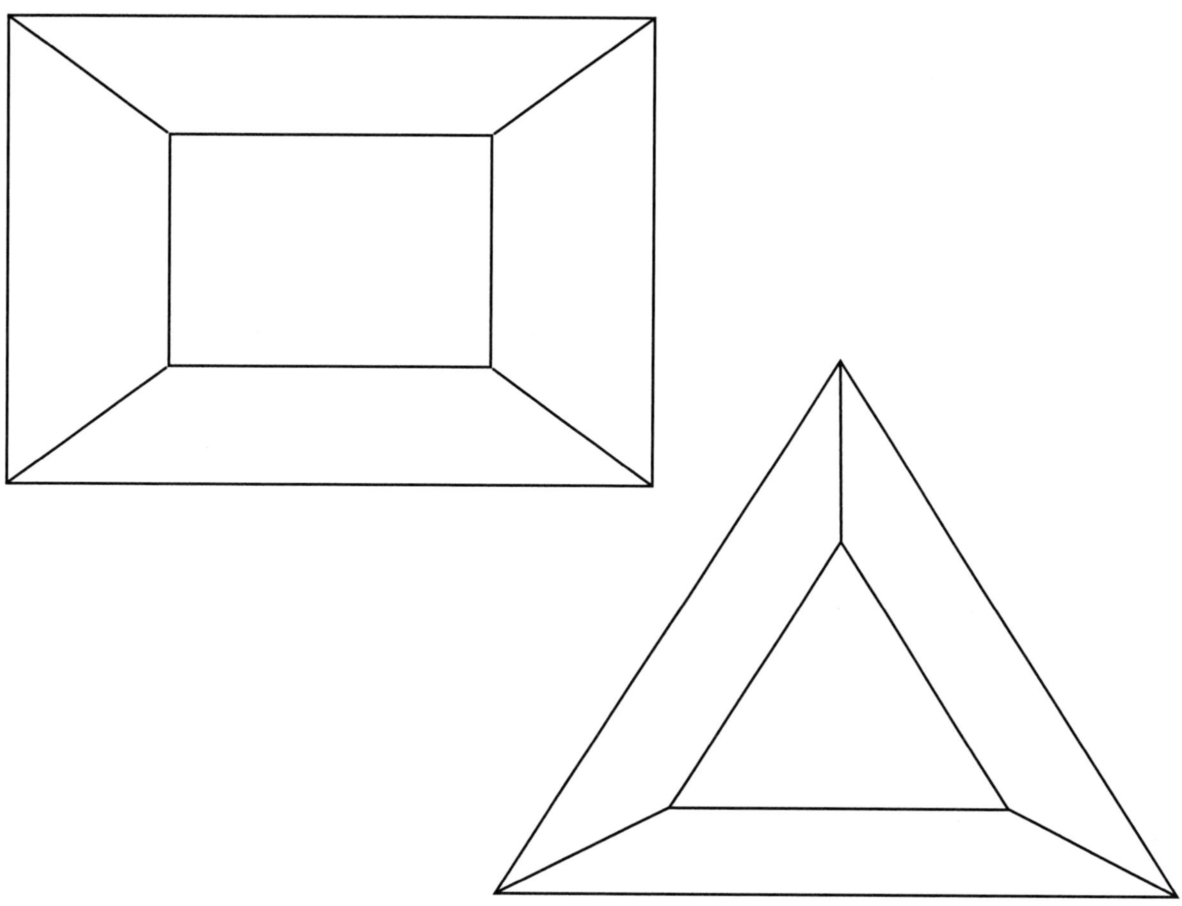

c)   *Denke für dich alleine über die Aufgabe nach und notiere deine Überlegungen in deinem Feld.*

d)   *Dreht den Bogen so, dass jeder ein anderes Feld vor sich hat. Lest, was in diesem Feld steht und ergänzt oder kommentiert die Ideen. Dies wiederholt ihr so oft, bis jeder wieder sein eigenes Feld vor sich hat.*

e)   *Lest alle Ergänzungen und Kommentare durch.*

f)   *Einigt euch nun auf ein gemeinsames Gruppenergebnis und notiert es in dem mittleren Feld des Papierbogens.*

g)   *Ein Gruppenmitglied präsentiert das Ergebnis vor der Klasse.*

DEUTSCHE DEMOKRATIE
Das Wesen der Staatsgewalt   —   Bestell-Nr. 11 771

KOHL VERLAG

Demokratie als Volksherrschaft

Der Begriff „Demokratie" stammt aus dem Griechischen und bedeutet so viel wie „Volksherrschaft". Konkret bedeutet das, dass die politische Herrschaft grundsätzlich vom Volke ausgeht. In einem demokratischen Staat geht die Macht nicht von einem König oder einem Kaiser, sondern vom Volke aus. Die Theorie eines demokratischen Staates gründet auf der Idee der Volkssouveränität. Das Volk soll der souveräne Träger der Staatsgewalt sein.

Dabei gibt es zwei grundsätzlich verschiedene Formen, auf welchem Weg das Volk die Herrschaft ausüben kann. Man unterscheidet zwischen der direkten und der repräsentativen (indirekten) Demokratie. In einer direkten Demokratie entscheiden die Bürger selbst durch Abstimmungen über politische Entscheidungen. In einer repräsentativen Demokratie wird das Volk durch Repräsentanten vertreten. Sie werden durch das Volk gewählt und treffen stellvertretend die politischen Entscheidungen.

Ein wichtiges Kriterium einer Demokratie ist, dass das Volk die Möglichkeit haben muss, einen Wechsel der Regierung herbeizuführen. Ein weiteres Merkmal von Demokratien ist das Mehrheitsprinzip. Das bedeutet, dass sich bei Abstimmungen bzw. Wahlen der Wille der Mehrheit gegenüber der Minderheit durchsetzt und der Wille der Mehrheit für alle verbindlich ist. Außerdem müssen Wahlen, also der Weg zur demokratischen Entscheidung, ganz bestimmten Prinzipien folgen:

Prinzipien für demokratische Wahlen

Allgemein:	Jeder Bürger ab einem bestimmten Alter hat das Recht zu wählen.
Gleich:	Jede Stimme hat das gleiche Gewicht.
Geheim:	Niemand soll feststellen können, welche Wahlentscheidung man getroffen hat.
Frei:	Jeder Bürger darf frei entscheiden, ob und was er wählt.

 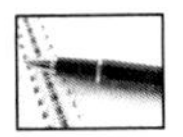

Aufgabe 2: *Lies den folgenden Text und erkläre, warum die Deutsche Demokratische Republik (DDR) nur eine Scheindemokratie war. Schreibe in dein Heft/ in deinen Ordner.*

EA

In der DDR fanden regelmäßig Wahlen statt, doch die Ergebnisse waren immer gleich: Jedes Mal stimmten rund 99 Prozent der Bevölkerung für die bestehende Regierung. Gleichzeitig war die Unzufriedenheit mit der Regierung in der Bevölkerung aber groß: Wie kommt es dann zu solchen Wahlergebnissen? Das Wahlsystem in der DDR war so organisiert, dass über eine Einheitsliste gewählt wurde: Zur Wahl standen nicht die einzelnen Parteien, sondern in der DDR waren alle Parteien zur „Einheitsfront" zusammengefasst. Das heißt, man konnte nur mit „Ja" oder „Nein" für oder gegen diese Liste stimmen. Die Führung über diese Parteien hatte aber die SED. Das heißt, sie war letztendlich die Partei, die alle Entscheidungen traf. Außerdem benutzte in der DDR kaum jemand Wahlkabinen aus Angst davor, bei einer „falschen" Entscheidung anschließend verfolgt zu werden.

Rechtsstaatlichkeit

In modernen und vor allem westlich geprägten Demokratien ist das Prinzip der Rechtsstaatlichkeit eng mit der Idee von Demokratie verbunden. Rechtsstaatlichkeit bedeutet, dass die staatliche Macht nur auf der Grundlage der Verfassung ausgeübt werden darf. Ziel ist dabei, die Menschenwürde und die Freiheit der Bürger sowie Gerechtigkeit zu gewährleisten.

Im weiteren Sinne wird Rechtsstaatlichkeit auch mit dem Prinzip der Gewaltenteilung verbunden. Mit dem Begriff der „Gewaltenteilung" ist gemeint, dass die Staatsgewalt auf mehrere Staatsorgane verteilt ist. Der Zweck davon ist, dass die staatliche Macht begrenzt wird, indem sich diese einzelnen Organe gegenseitig kontrollieren. Damit soll die Freiheit und die Gleichheit der Bürger gesichert werden.

Man unterscheidet zwischen drei verschiedenen Gewalten. Zum einen gibt es die Legislative (gesetzgebende Gewalt), also das Parlament. In Deutschland ist das der Bundestag, denn dort werden Gesetze verabschiedet. Zum anderen gibt es die Exekutive (ausführende Gewalt), also die Regierung. Aber auch die Verwaltung gehört zur Exekutive. Sie sorgt dafür, dass die Beschlüsse der Legislative ausgeführt werden. Und die dritte Gewalt ist die Judikative (rechtsprechende Gewalt), also die Gerichte. Ihre Aufgabe ist es, dass Verstöße gegen das Gesetz verhandelt werden.

Aufgabe 3:   *Was bedeutet „Rechtsstaatlichkeit"? Erkläre mit deinen eigenen Worten.*

EA

____

____

Aufgabe 4:   *Zu welcher Gewalt würdest du die folgenden Personen ordnen? Trage in die Tabelle ein.*

EA

> Polizist – Minister – Bundeskanzler – Abgeordneter – Staatsanwalt –
> Richter – Bundespräsident – Verwaltungsbeamter

Legislative	Exekutive	Judikative

DEUTSCHE DEMOKRATIE – Das Wesen der Staatsgewalt – Bestell-Nr. 11 771

KOHL VERLAG

Die Demokratie hat ihren Ursprung in Griechenland, genauer gesagt in Athen. Dort haben sich erste Formen der Demokratie schon vor mehr als 2500 Jahren entwickelt.

Aber wie kam es dazu? Die Landschaft Griechenlands zeichnet sich durch sein sehr gebirgiges Relief aus, es gibt zerklüftete Küsten und viele kleine Buchten und Inseln. Das hat zu damaliger Zeit dazu beigetragen, dass sich nicht etwa ein großes Königreich gebildet hat, sondern viele kleine Stadtstaaten.

Diese waren alle unabhängig voneinander. Die Stadtstaaten wurden auch „Polis" genannt und die größte unter ihnen war Athen. In Athen wählte das Volk sogenannte Archonten. So nannte man adelige Beamte, die jeweils für ein Jahr regierten.

Damit war Athen aber noch lange keine Demokratie, denn zum Archonten konnten nur Adelige werden. Die Bürger, die sich an der Wahl beteiligen durften, hatten oft Schulden bei den Adeligen und mussten ihnen ihr Wahlrecht abtreten. Folglich rissen die Adeligen die Macht im Staat an sich und die Bauern, Hirten, Fischer, Handwerker und Tagelöhner besaßen faktisch keine politischen Rechte mehr.

Als es zu großen Unruhen kam, wurde 594 v. Chr. Solon zum Archonten gewählt. Er sollte als eine Art Friedensrichter dafür sorgen, dass wieder Ruhe und Ordnung im System einkehrt. Solon schuf einige Gesetze, in denen die Rechte und Pflichten der Bürger festgelegt waren. Diese Gesetze ließ er auch erstmals aufschreiben, damit jeder Bürger sich darüber informieren konnte. Außerdem teilte er die Gesellschaft in vier Klassen von Bürgern ein: Großgrundbesitzer, Handwerker und Händler, Bauern und Tagelöhner. Damit die armen Leute ihre Stimme bei Wahlen nicht an die Adeligen abgeben mussten, befreite er sie von ihren Schulden. Damit schuf er ganz wesentliche Voraussetzungen für eine Demokratie.

Dennoch konnten immer noch ausschließlich Angehörige der reichsten Schicht ein Staatsamt übernehmen. Die Unzufriedenheit in der Bevölkerung hielt an und es kam für einige Zeit wieder zu einer Diktatur.

507 v. Chr. kam es erneut zu einer Blütezeit der Demokratie. Kleisthenes, ein athenischer Staatsmann, führte wieder eine Volksversammlung ein und stellte alle männlichen Bürger rechtlich gleich. Zu den Bürgern zählten aber nur bestimmte männliche Einwohner, keine Frauen, Sklaven und Zuwanderer. Diese blieben also immer noch davon ausgeschlossen. Die Bürger waren nun automatisch Mitglieder der Volksversammlung und hatten das gleiche Stimmrecht. Außerdem konnte sich jeder für ein Amt wählen lassen.

Die Demokratie in Athen endete, als Alexander der Große von Mazedonien 338 v. Chr. die Stadt eroberte und Athen Teil des mazedonischen Königreichs wurde.

Büste von Alexander dem Großen

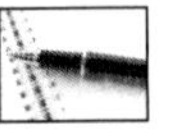

Aufgabe 1: *Finde für jeden Absatz eine passende Überschrift. Schreibe in dein Heft/in deinen Ordner.*

EA

Aufgabe 2: *Beantworte folgende Fragen in vollständigen Sätzen.*

a) *Wo und vor wie vielen Jahren entwickelten sich die ersten Formen der Demokratie?*

b) *Wozu trug das landesspezifische Relief Griechenlands bei?*

Aufgabe 3: *Erkläre die folgenden Begriffe.*

a) Polis:

b) Archonten:

c) Großgrundbesitzer:

d) Tagelöhner:

Aufgabe 4: *Was geschah zu welcher Zeit? Verbinde die Jahreszahlen mit den dazugehörigen Ereignissen.*

594 v. Chr.	**A** ○		○ **1**	Es kam erneut zu einer Blütezeit der Demokratie. Kleisthenes, ein athenischer Staatsmann, führte wieder eine Volksversammlung ein und stellte alle männlichen Bürger rechtlich gleich.
507 v. Chr.	**B** ○	○ **2**		Als es zu großen Unruhen kam, wurde Solon zum Archonten gewählt.
338 v. Chr.	**C** ○	○ **3**		Die Demokratie in Athen endete, als Alexander der Große von Mazedonien die Stadt eroberte und Athen Teil des mazedonischen Königreichs wurde.

DEUTSCHE DEMOKRATIE
Das Wesen der Staatsgewalt – Bestell-Nr. 11 771

EA

Aufgabe 5: Bereits im antiken Griechenland gab es politische Wahlen. Erkläre, warum es nach unserem heutigen Verständnis dennoch keine echte Demokratie war.

EA

Aufgabe 6: Vor der Regierung Solons kam es zu großen Unruhen in Griechenland, weil nicht-adelige Bürger kein Wahlrecht hatten. Wie könnte eine solche Diskussion zwischen einem Bauern und einem Hirten ausgesehen haben? Versetze dich in deren Lage. Schreibe in die Sprechblasen.

Es gibt in der Theorie nicht nur eine Form von Demokratie. Jede Form versucht auf ihre Weise, den Willen des Volkes umzusetzen und die Tätigkeiten des Staates danach auszurichten.

Grundsätzlich lassen sich zwei Formen unterscheiden: Die direkte und die repräsentative Demokratie. Direkte Mitsprache jedes Bürgers und jeder Bürgerin sind prägende Merkmale der **Direkten Demokratie**. Eine gewählte Vertretung ist besonders wichtig in einer repräsentativen Demokratie. Bei der **Repräsentativen Demokratie** kann das Schwergewicht auf einem starken Präsidenten **(Präsidialdemokratie)**, so etwa dem Regierungschef, oder aber auf einem starken Parlament **(parlamentarische Demokratie)** liegen. Wenn also von unterschiedlichen Systemen die Rede ist, so geht es nur um die unterschiedliche Gewichtung von Elementen, die grundsätzlich in jeder Demokratie vorhanden sind. Im politischen Alltag hat diese unterschiedliche Gewichtung allerdings durchaus Auswirkungen auf die einzelnen politischen Entscheidungen. Dennoch lässt sich keine dieser Formen in der Praxis in „Reinkultur" umsetzen.

1. Direkte Demokratie

Die direkte Demokratie wird häufig als die idealste Form der Demokratie bezeichnet. Politische Entscheidungen werden vom Volk bzw. in Volksversammlungen und durch Volksabstimmungen getroffen. Nur die Ausführungen und Umsetzungen der Entscheidungen werden den zuständigen Behörden überlassen. Das Hauptziel der Demokratie ist es, den Volkswillen so unverfälscht wie möglich und auf direktem Wege in politische Entscheidungen einzubeziehen, um im Sinne des Volkes entscheiden zu können. Allerdings setzt die direkte Demokratie durch das Mitbestimmungsrecht der Bürger auch einen hohen Grad an Bereitschaft zum politischen Engagement voraus.

2. Repräsentative Demokratie

In der repräsentativen Demokratie, welche sich in die parlamentarische und die präsidentielle Demokratie unterteilen lässt, gehen politische Entscheidungen nicht direkt vom Volk, sondern von einer Volksvertretung aus. Diese Tatsache beschränkt die Beteiligung der Bevölkerung auf die Mitwirkung bei Wahlen sowie in Parteien, Verbänden und Institutionen.

a) **Die parlamentarische Demokratie** baut darauf auf, dass die Bürger in regelmäßigen Abständen, meist von 4-5 Jahren, ein Parlament wählen. Somit können die Bürger nicht direkt auf politische Entscheidungen Einfluss nehmen. Der durch die Bürger gewählte Repräsentant ist aber nicht  an die Weisungen von den Wählern oder seiner Partei gebunden. Deshalb wird diese Form der Demokratie meist kritisiert und als nicht bürgernah bezeichnet.

b) **Die Präsidialdemokratie** Wie auch im parlamentarischen Regierungssystem wird in regelmäßigen Abständen gewählt. Jedoch wählt das Volk nicht nur das Parlament, sondern in einer zusätzlichen Wahl auch das Staatsoberhaupt, den Präsidenten. Somit liegt im präsidialen Regierungssystem eine Trennung von Legislative und Exekutive vor. Zu kritisieren ist hier jedoch, dass es leicht zu einem Politikstillstand kommen könnte, wenn sich das Parlament und der Präsident nicht bemühen, ein Einverständnis herbeizuführen.

DEUTSCHE DEMOKRATIE
Das Wesen der Staatsgewalt – Bestell-Nr. 11 771

KOHL VERLAG

Aufgabe 1: *Vervollständige das Schaubild zu den Demokratieformen.*

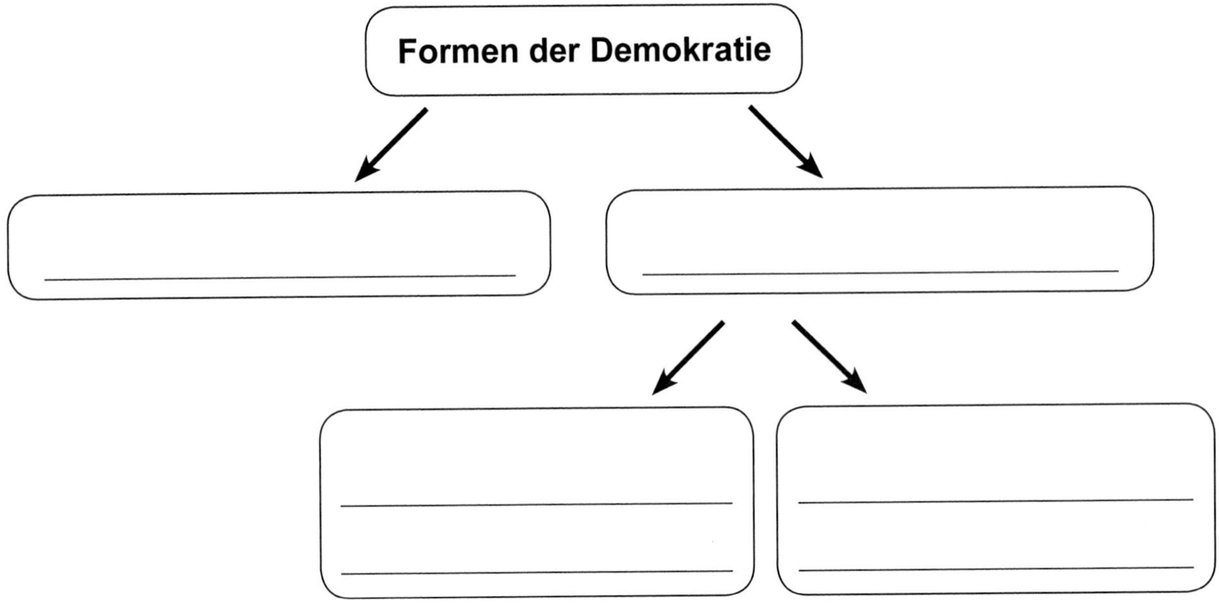

Aufgabe 2: **a)** *Wahr oder falsch? Kreuze an.*

		Richtig	Falsch
a)	Direkte Mitsprache jedes Bürgers und jeder Bürgerin sind prägende Merkmale der Direkten Demokratie.		
b)	Es lassen sich alle dieser Formen in der Praxis in „Reinkultur" umsetzen.		
c)	Die repräsentative Demokratie lässt sich in die parlamentarische und die subparlamentarische Demokratie unterteilen.		
d)	In einer parlamentarischen Demokratie wählen Bürger im Abstand von 4 bis 5 Jahren.		
e)	Es liegt im präsidialen Regierungssystem eine Trennung von Legislative und Exekutive vor.		

b) *Korrigiere die falschen Aussagen.*

____

____

____

____

____

Aufgabe 3: *Direkte oder indirekte Demokratie? Ordne die Begriffe und Sätze zu.*

> Parteien – Politisches Engagement der Bürger – Das Parlament
> spielt eine wichtige Rolle – Volksentscheide – Regelmäßige
> Volksabstimmungen – Bürger wählen Volksvertreter

Direkte Demokratie	Indirekte Demokratie

Aufgabe 4: *Beantworte folgende Fragen in vollständigen Sätzen.*

a) Wo liegt im präsidial-demokratischen System eine Trennung vor?

____

____

____

____

b) Beschreibe die Kritikpunkte des parlamentarischen und des
präsidialen Systems in deinen eigenen Worten.

____

____

____

____

____

____

DEUTSCHE DEMOKRATIE
Das Wesen der Staatsgewalt – Bestell-Nr. 11 771

KOHL VERLAG

Entscheidungen in der Politik fällen – mehr direktdemokratische Elemente?

Volksbegehren und Volksentscheide geben den Bürgern die Möglichkeit, Landespolitik selbst zu gestalten. In der Praxis gibt es jedoch häufig so hohe gesetzliche Hürden, dass Volksbegehren faktisch unmöglich sind: In vielen Bundesländern gab es noch nie einen von Bürgern initiierten Volksentscheid. Elemente der direkten Demokratie wurden in Deutschland erstmals in der Weimarer Republik eingeführt. Auf Reichsebene fanden lediglich drei Volksbegehren statt. In der Bundesrepublik sind direktdemokratische Verfahren auf der Bundesebene schwach ausgeprägt. Artikel 20 des Grundgesetzes betont die Volkssouveränität und bestimmt: „Alle Staatsgewalt geht vom Volke aus. Sie wird vom Volk in Wahlen und Abstimmungen [...] ausgeübt." Während sich „Wahlen" immer auf Personalentscheidungen beziehen, geht es bei „Abstimmungen" um unmittelbare Entscheidungen des Staatsvolkes über Sachfragen. Die Forderung nach mehr direktdemokratischen Elementen in unserem politischen System sorgt in der Bevölkerung oftmals für große Diskussionen. Es gibt dennoch ein paar direktdemokratische Elemente in unserer Verfassung:

Volksentscheide: Das Volk entscheidet, ob ein Gesetz, das vom Bundestag oder der Regierung ausgearbeitet wurde, in Kraft tritt oder nicht. Im Gegensatz zu einer Wahl steht daher eine konkrete Sachfrage im Vordergrund. Das Ergebnis der Abstimmung ist in der Regel verbindlich.

Volksbegehren: Das Volk selbst beantragt ein Gesetz. Unterstützungserklärungen von 0,1% der Wohnbevölkerung sind nötig, damit ein Volksbegehren eingeleitet werden kann. Wenn es 100.000 Personen unterstützen, muss sich der Bundestag damit befassen.

Volksbefragungen: Der Nationalrat kann mit einfacher Mehrheit beschließen, dass das Volk zu einer Angelegenheit von „grundsätzlicher und gesamtdeutscher Bedeutung" befragt wird. Das Ergebnis ist für den Gesetzgeber nicht bindend.

Zivilgesellschaft: In den letzten Jahren erleben die Begriffe „Zivilgesellschaft" und „Bürgergesellschaft" Hochkonjunktur. Sie bezeichnen nicht-staatliche und nicht-wirtschaftliche Zusammenschlüsse von Bürgern auf freiwilliger Basis. Sie sind auf öffentliche Angelegenheiten ausgerichtet und beteiligen sich z.B. an Debatten und Protesten. Manchmal wenden sie sich gegen den Staat bzw. die staatlichen Eliten. Oft verstehen sie sich aber auch als Ergänzung staatlichen Handelns. Sie stärken die demokratischen Strukturen, indem sie politisches Engagement jenseits von Partei oder Gewerkschaft aktivieren. Dieses politische Engagement ist mit Werten wie Meinungsfreiheit, Solidarität, Eintreten für Minderheiten und dem Kampf gegen Diskriminierung verbunden.

Aufgabe 5:

a) *Jeder liest den Text für sich alleine durch und streicht dabei die wichtigsten Aussagen an.*

b) *Anschließend formuliert jeder fünf Aussagen zum Text, in die jeweils absichtlich ein Fehler eingebaut wird.*

c) *Jetzt werden diese Aussagen mit denen des Tischnachbarn ausgetauscht. Jeder soll die Fehler nun finden und korrigieren.*

d) *Zuletzt werden die korrigierten Aussagen wieder ausgetauscht. Jeder überprüft noch einmal, ob alles korrigiert und korrekt ist.*

Aufgabe 6: Vervollständige die folgende Mindmap zum Thema „Direktdemokratische Elemente in Deutschland".
Trage hierzu die folgenden Sätze in die Kästen ein.

Abstimmung um Annahme oder Ablehnung eines Gesetzes – aktiviert politisches Engagement – Das Volk zwingt zur Auseinandersetzung mit einer Frage oder einem Gesetz – **Volksentscheid** – Abstimmungsergebnis ist nicht verbindlich – nicht-staatlicher/nicht-wirtschaftlicher Bürgerzusammenschluss – arbeitet öffentlichkeitswirksam – Gesetzesvorlage wurde vom Bundestag oder der Bundesregierung ausgearbeitet – Geschieht auf Initiative des Volkes – **Volksbegehren** – tritt meist für soziale Werte ein – **Zivilgesellschaft** – Abstimmungsergebnis meist verbindlich – **Volksbefragung** – Mindestanzahl an unterstützenden Stimmberechtigten erforderlich – Das Volk wird um Rat gefragt

Direktdemokratische Elemente der BRD

"Ich finde, in Deutschland müsste es viel mehr direkte Demokratie geben. Nur, wenn das Volk direkt entscheidet, ist es für mich auch eine echte Demokratie. Denn oft berücksichtigen Politiker gar nicht die wahren Interessen der Bürger. Sie müssten dann nämlich viel genauer auf das hören, was die Mehrheit der Bürger möchte. Außerdem glaube ich, dass die Menschen direktdemokratische Entscheidungen viel eher akzeptieren würden, als wenn sie von den Politikern entschieden werden. Denn dann hat nämlich das "Volk" entschieden und die Menschen sind dann eher bereit, die Folgen dafür zu tragen. Ein weiterer Vorteil von mehr direkter Demokratie wäre, dass sich die Menschen viel mehr mit Politik beschäftigen würden. Sie hätten das Gefühl, etwas bewirken zu können. Ich könnte mir vorstellen, dass sich mehr Menschen dann politisch bilden würden."

"Direkte Demokratie hört sich toll an, aber man muss sich auch darüber im Klaren sein, dass sie nicht nur Vorteile, sondern auch Nachteile mit sich bringt. Allein der große Aufwand, der durch die vielen Abstimmungen entsteht. Denn bei 60 Mio. deutschen Wahlberechtigten ist eine Menge Organisation erforderlich. Außerdem fehlt es dem "normalen" Bürger oft an dem nötigen Fachwissen, das aber für die Entscheidung politischer Fragen wichtig ist. Oder das Interesse ist zu gering. Manche haben im Alltag auch einfach nicht genügend Zeit, um sich mit Politik zu beschäftigen. Viele sagen ja auch, dass nur die direkte Demokratie den Willen des Volkes repräsentiert. Aber ich sehe das anders. Denn es stimmen ja immer nur diejenigen ab, die von der Thematik direkt betroffen sind. Die anderen interessieren sich meistens nicht dafür. Also gibt die direkte Demokratie nur die Meinung eines Teils der Bevölkerung wieder. Den größten Nachteil der direkten Demokratie sehe ich aber in der Gefahr, dass Minderheiten der Mehrheit ihre Meinung aufzwingen könnten, indem sie die Medien so beeinflussen, dass ihre Meinung eine große Wirkung erzielt."

Aufgabe 7: *Überlege dir nun Pro- und Contra-Argumente zum Thema „Direkte Demokratie" – Sollte Deutschland mehr direktdemokratische Elemente einführen?*

Pro **direktdemokratische Elemente**	Contra **direktdemokratische Elemente**

Aufgabe 8: *Wie würdest du dich entscheiden? Sprich zuerst mit deinem Nachbarn darüber und diskutiert dann in der Klasse.*

Die zeitgeschichtliche Entwicklung der Demokratie in Deutschland

1847: „Entschiedene Freunde der Verfassung" formulieren die „Forderungen des Volkes in Baden".

1789: Französische Revolution – das Volk wendet sich gegen die absolutistische Monarchie und fordert Freiheit, Gleichheit, Brüderlichkeit.

1848/49: Deutsche Revolution: König Ludwig I. dankt ab, es bildet sich eine Nationalversammlung, die eine Reichsverfassung und die Grundrechte verabschiedet.

1815: Wiener Kongress: Preußen, Österreich und Russland stellen die alte Ordnung wieder her – revolutionäre und freiheitliche Bestrebungen werden unterdrückt.

1849: Revolution wird niedergeschlagen, es folgen Verfolgung, Verhaftung und Verurteilung der Demokraten, Emigration und Flucht.

1919: Der Kaiser dankt ab, die Weimarer Republik wird ausgerufen und eine neue Verfassung tritt in Kraft – Frauen dürfen erstmals wählen.

1949: 24. Mai: Verkündung des Grundgesetzes, es folgen Wahlen zum Ersten Deutschen Bundestag.

1933-45: Systematischer Aufbau der Diktatur – Hitler besitzt uneingeschränkte Macht.

1863/69: Gründung des „Allgemeinen deutschen Arbeitervereins"/der Sozialdemokratischen Arbeiterpartei.

1990: 3. Oktober Vereinigung Deutschlands.

1961: 13. August: Bau der Berliner Mauer in der DDR – DDR-Bürger werden eingesperrt.

1989: Friedliche Revolution in der DDR – 9. November Mauerfall.

DEUTSCHE DEMOKRATIE
Das Wesen der Staatsgewalt   –   Bestell-Nr. 11 771
KOHL VERLAG

4 Demokratie früher und heute

Aufgabe 1: *Kreuze an. Die Buchstaben ergeben ein Lösungswort.*

a) Die Französische Revolution forderte ...

A ☐ Freiheit, Brüderlichkeit und Einheit

R ☐ Freiheit, Gleichheit, Brüderlichkeit

H ☐ Freiheit, Einheit, Gerechtigkeit

b) Das erste demokratische Programm formulierten ...

E ☐ die entschiedenen Freunde der Verfassung

M ☐ die entschlossenen Freunde der Verfassung

J ☐ die entscheidenden Freunde der Verfassung

c) Das erste Sozialgesetz Bismarcks war ...

K ☐ die Unfallversicherung

F ☐ die Rentenversicherung

C ☐ die Krankenversicherung

d) Zum Hambacher Fest kamen ...

H ☐ 30.000 Republikaner

P ☐ 30.000 Adelige

U ☐ 30.000 Geistliche

e) Die Wiedervereinigung Deutschlands fand statt am ...

W ☐ 3. Oktober 1989

T ☐ 3. Oktober 1990

O ☐ 3. Oktober 1991

Lösungswort:

____

Aufgabe 2: **a)** *Betrachtet den Zeitstrahl über die Entwicklung der Demokratie in Deutschland nochmal genau.*
b) *Sucht euch nun fünf Ereignisse aus und baut ganz bewusst jeweils einen Fehler ein.*
c) *Tauscht nun paarweise eure fünf Ereignisse untereinander aus. Jeder muss die Fehler finden und korrigieren.*
d) *Zum Schluss tauscht ihr eure Korrekturen untereinander aus und überprüft, ob alle Fehler gefunden und richtig korrigiert wurden.*

EA

<u>Aufgabe 3</u>: *Der Zeitstrahl zeigt einige Höhen und Tiefen in der Entwicklung der Demokratie in Deutschland. Schneide die einzelnen Ereignisse auf der nächsten Seite aus und klebe sie in diese Kurve. Begründe.*

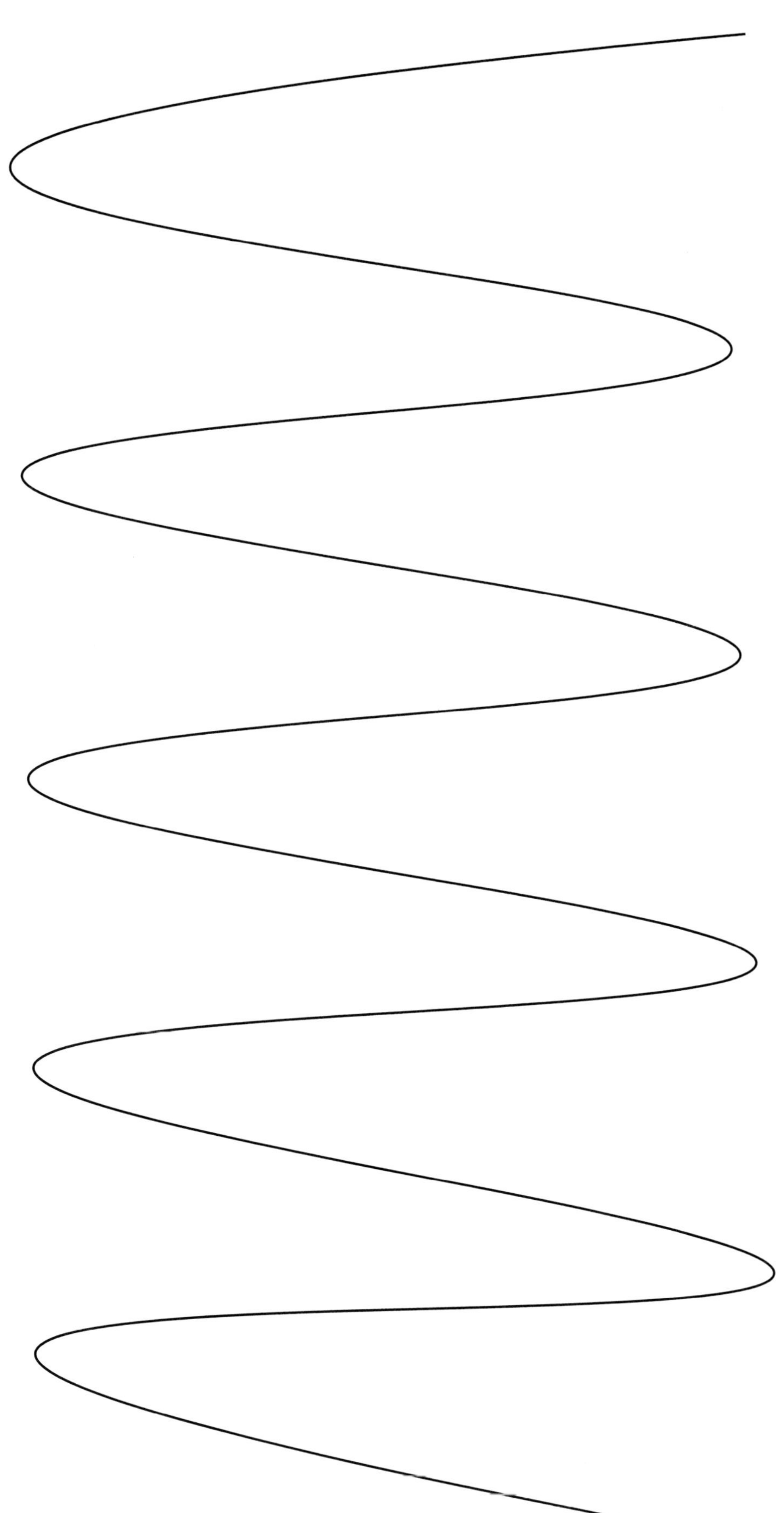

DEUTSCHE DEMOKRATIE
Das Wesen der Staatsgewalt – Bestell-Nr. 11 771
KOHL VERLAG

1949: 24. Mai: Verkündung des Grundgesetzes, es folgen Wahlen zum Ersten Deutschen Bundestag.

1990: 3. Oktober Vereinigung Deutschlands.

1961: 13. August: Bau der Berliner Mauer in der DDR – DDR-Bürger werden eingesperrt.

1989: Friedliche Revolution in der DDR – 9. November Mauerfall.

1919: Der Kaiser dankt ab, die Weimarer Republik wird ausgerufen und eine neue Verfassung tritt in Kraft – Frauen dürfen erstmals wählen.

1848/49: Deutsche Revolution: König Ludwig I. dankt ab, es bildet sich eine Nationalversammlung, die eine Reichsverfassung und die Grundrechte verabschiedet.

1789: Französische Revolution – das Volk wendet sich gegen die absolutistische Monarchie und fordert Freiheit, Gleichheit, Brüderlichkeit.

1933-45: Systematischer Aufbau der Diktatur – Hitler besitzt uneingeschränkte Macht.

1863/69: Gründung des „Allgemeinen deutschen Arbeitervereins"/der Sozialdemokratischen Arbeiterpartei.

1847: „Entschiedene Freunde der Verfassung" formulieren die „Forderungen des Volkes in Baden".

1815: Wiener Kongress: Preußen, Österreich und Russland stellen die alte Ordnung wieder her – revolutionäre und freiheitliche Bestrebungen werden unterdrückt.

1849: Revolution wird niedergeschlagen, es folgen Verfolgung, Verhaftung und Verurteilung der Demokraten, Emigration und Flucht.

Der Staatsaufbau der Bundesrepublik Deutschland

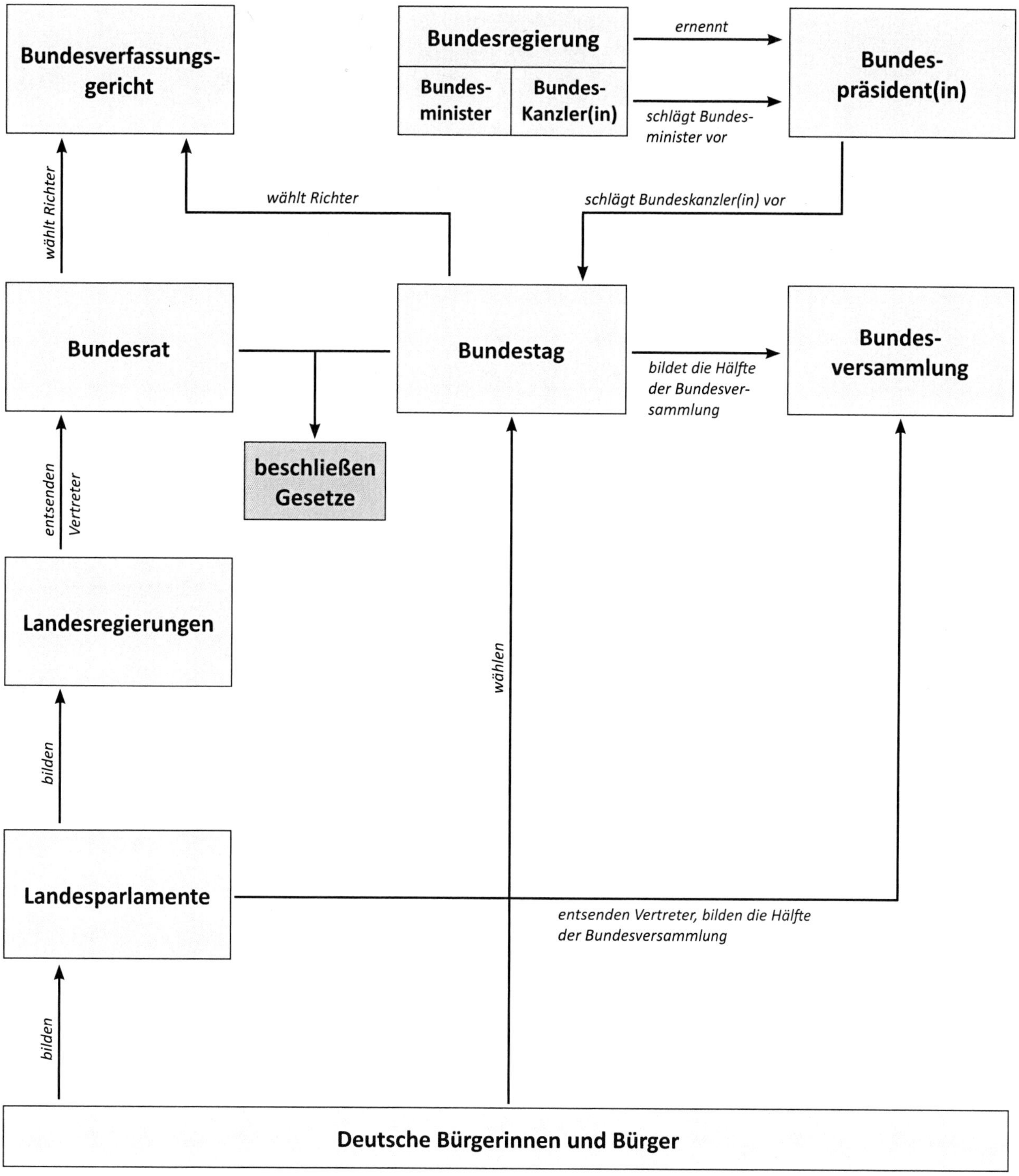

Bundesverfassungsgericht

Bundesregierung

| Bundes-minister | Bundes-Kanzler(in) |

ernennt

Bundespräsident(in)

schlägt Bundesminister vor

wählt Richter

wählt Richter

schlägt Bundeskanzler(in) vor

Bundesrat

Bundestag

Bundesversammlung

bildet die Hälfte der Bundesversammlung

beschließen Gesetze

entsenden Vertreter

Landesregierungen

wählen

bilden

Landesparlamente

entsenden Vertreter, bilden die Hälfte der Bundesversammlung

bilden

Deutsche Bürgerinnen und Bürger

Aufgabe 1: *Beantworte die folgenden Fragen in vollständigen Sätzen in deinem Heft/Ordner.*

a) Welches Element erscheint dir auf den ersten Blick am wichtigsten? Weshalb?

b) Worauf stützt sich dieses Element?

DEUTSCHE DEMOKRATIE
Das Wesen der Staatsgewalt — Bestell-Nr. 11 771

Lernen mit Erfolg
KOHL VERLAG

Aufgabe 2: *Trage die gesuchten Begriffe in das Kreuzworträtsel ein. Die Buchstaben in den grauen Kästchen ergeben ein Lösungswort.*

1. Der Bundestag bildet die Hälfte der ...
2. Die Landesparlamente bilden die ...
3. Frau Merkel ist die deutsche ...
4. ... schlägt den Bundeskanzler/die Bundeskanzlerin vor.
5. ... beschließt zusammen mit dem Bundestag Gesetze und wählt Richter ins Bundesverfassungsgericht.
6. Form und Aufbau eines Staates, seiner eigenen Rechte und Pflichten und die seiner Bürger.
7. ... ist die wichtigste und einfachste Möglichkeit, an der Politik teilzuhaben.
8. Die Bürger wählen den ... , das Parlament.
9. Die Grundlage der deutschen Demokratie bilden die deutschen ...

Lösungswort:

_ _ _ _ O _ _ _ _ _ _ _

6 Das Grundgesetz – Die Bibel der Demokratie

Am 23. Mai 1949 wurde das Grundgesetz der Bundesrepublik Deutschland vom damaligen Bundeskanzler Konrad Adenauer verkündet. Seither gilt der 23. Mai als Tag des Grundgesetzes. Der Westteil Deutschlands hatte damit eine Verfassung, also eine Reihe von Gesetzen, die bis heute die politische Grundordnung des Staates festlegen und auf denen alle anderen Gesetze basieren. Das Grundgesetz besteht aus 12 Abschnitten und einer Präambel.

Präambel

Die Präambel des Grundgesetzes ist der Vorspruch des Grundgesetzes für die Bundesrepublik Deutschland. Die Präambel hebt die gleichberechtigte Stellung Deutschlands in einem vereinten Europa hervor. Im zweiten Abschnitt werden die einzelnen Bundesländer genannt. Der letzte Satz betont die Einheit und Freiheit ganz Deutschlands, die erst 1990 mit der Vereinigung Ost- und Westdeutschlands verwirklicht wurde.

Grundrechte

Weil sie so wichtig sind, stehen die Grundrechte in Abschnitt 1 (Artikel 1-19). Zu ihnen gehört z. B. die Unantastbarkeit der Menschenwürde und die Gleichheit aller Menschen vor dem Gesetz. Für uns erscheinen diese Rechte selbstverständlich. Aber in vielen Ländern der Welt dürfen die Menschen nicht protestieren, Zeitungen werden verboten, wenn sie die Regierung kritisieren und Frauen haben nicht die gleichen Rechte wie Männer. Die Grundrechte können nicht einfach abgeschafft werden.

II Bund und Länder

Der Bund und die Länder – Artikel 20 des zweiten Abschnittes enthält eine Kurzform der Verfassung, denn er enthält die wichtigsten Prinzipien: Die Bundesrepublik ist ein demokratischer Staat und beruht auf Rechtsstaatlichkeit. In diesem Abschnitt steht z. B. auch, dass Deutschland aus Bundesländern besteht und auch die Aufgabenverteilung zwischen Bund und Ländern wird geregelt. In Artikel 22 sind die Farben der Bundesflagge festgelegt.

III-VI Die Bundesorgane

In den folgenden vier Abschnitten werden jeweils die einzelnen Bundesorgane aufgeführt. Dazu gehören der Bundestag, der Bundesrat, der Bundespräsident und die Bundesregierung. In jedem Abschnitt werden die jeweiligen Aufgaben innerhalb des politischen Systems festgelegt. Aber zum Beispiel werden dort auch die Rechte und Pflichten der Abgeordneten geregelt.

X-XII Finanzwesen und Verteidigung

In diesen letzten Abschnitten geht es beispielsweise um Steuern aber auch um Fragen für den besonderen Fall, dass sich Deutschland verteidigen muss.

VII-IX Legislative, Exekutive & Judikative

In diesen drei Abschnitten werden Fragen in Bezug auf die drei Gewalten der Gesetzgebung, der Ausführung der Gesetze sowie der Recht-sprechung geregelt. Hier werden die Bereiche aufgeführt, für die jeweils der Bund oder die Länder zuständig sind. Auch das Gesetzgebungsverfahren wird genau beschrieben. Im Abschnitt zur Rechtsprechung steht zum Beispiel auch, dass Richter unabhängig sein müssen und dass in Deutschland die Todesstrafe abgeschafft ist (Artikel 102).

DEUTSCHE DEMOKRATIE – Das Wesen der Staatsgewalt – Bestell-Nr. 11 771

Aufgabe 1:   *Recherchiere, in welchen Artikeln des Grundgesetzes die folgenden Grundrechte festgelegt sind. Verbinde mit einem Lineal, was zusammengehört.*

Schutz der Menschenwürde	1		A	Artikel 3
Asylrecht	2		B	Artikel 12
Brief- und Postgeheimnis	3		C	Artikel 4
Berufsfreiheit	4		D	Artikel 10
Versammlungsfreiheit	5		E	Artikel 1
Glaubensfreiheit	6		F	Artikel 5
Meinungs- und Pressefreiheit	7		G	Artikel 8
Unverletzlichkeit der Wohnung	8		H	Artikel 13
Gleichheit vor dem Gesetz	9		I	Artikel 16a

Aufgabe 2:

a)   *Zu Beginn wird in der Klasse ein gemeinsamer Treffpunkt vereinbart.*

b)   *Jeder liest nun den ersten Abschnitt des Textes in Einzelarbeit und still durch. Anschließend wird das Wichtigste im Text unterstrichen. Jeder schreibt dann die zentralen Aussagen dieses Abschnittes heraus.*

c)   *Wer mit dieser Aufgabe fertig ist, geht zu dem vereinbarten Treffpunkt und wartet dort solange, bis ein anderer Mitschüler hinzukommt.*

d)   *Ihr tauscht nun eure Ergebnisse untereinander aus und vergleicht sie. Wenn ihr noch Fragen habt oder etwas unklar geblieben ist, könnt ihr dies mit eurem Partner besprechen.*

e)   *Anschließend geht jeder wieder an seinen Platz zurück und wiederholt diese Arbeitsschritte mit dem zweiten Abschnitt des Textes.*

f)   *So geht es immer weiter, bis der komplette Text gelesen und besprochen wurde.*

DEUTSCHE DEMOKRATIE

Parteien vertreten Einzelinteressen von gesellschaftlichen Gruppen und verfolgen gemeinsame ideelle und programmatische Ziele. Im Unterschied zu Verbänden und Bürgerinitiativen sind sie bereit, Macht auszuüben und Regierungsverantwortung zu übernehmen.

Die ersten Parteien, die in Deutschland 1848 im Vormärz und dann aus der Paulskirche heraus entstanden, waren locker und unverbindlich organisiert und hatten kein festes Programm. Sie stellten etwas völlig anderes dar als die beiden großen bundesdeutschen Parteien SPD und CDU/CSU zum Ende der 1970er-Jahre. Damals erreichten Sozialdemokratie und Christdemokratie den Höhepunkt ihrer Entwicklung mit jeweils ca. einer Million Mitgliedern. Beide Parteien waren Massenparteien geworden. Heute ist nach § 2 des Parteiengesetzes eine Partei eine Vereinigung von Bürgerinnen und Bürgern, die „dauernd oder für längere Zeit für den Bereich des Bundes oder eines Landes auf die politische Willensbildung Einfluss nehmen und an der Vertretung des Volkes im Deutschen Bundestag oder einem Landtag mitwirken" will. Das heißt konkret, dass sie in einem Zeitraum von sechs Jahren an wenigstens einer Bundestags- oder Landtagswahl mit eigenen Wahlvorschlägen teilnimmt. Folgende Parteien sind seit der letzten Wahl wie folgt im Bundestag vertreten:

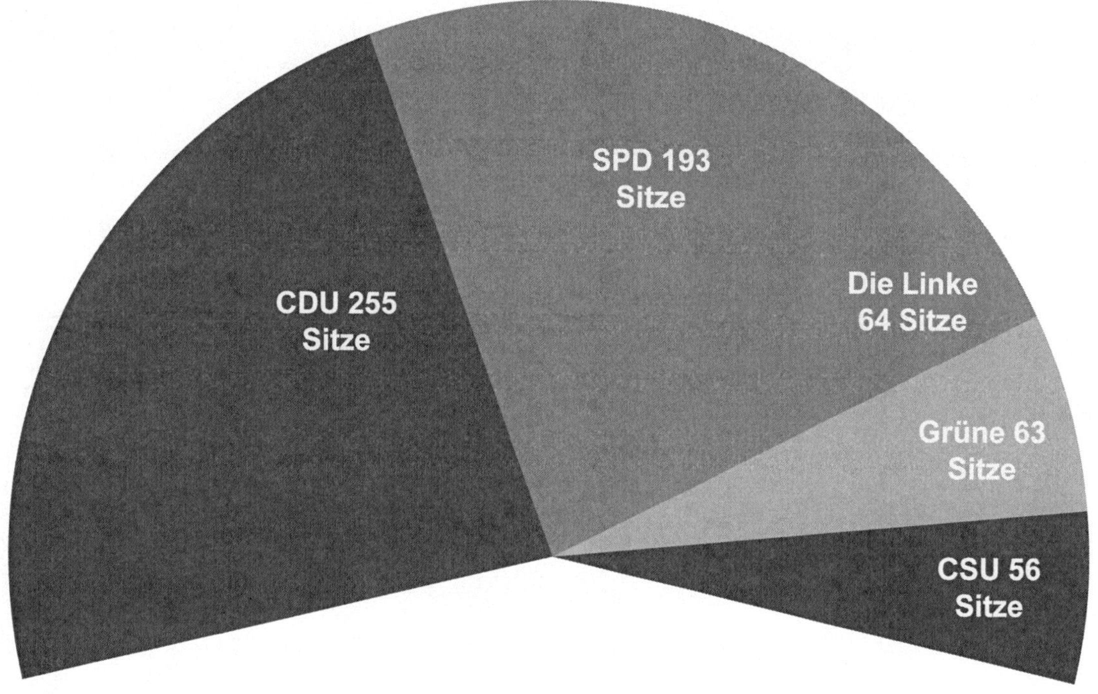

Die Anzahl der Sitze bestimmt die Stärke einer Fraktion und ist für die Besetzung des Ältestenrates und der Ausschüsse entscheidend. Insgesamt sitzen im 18. Deutschen Bundestag 631 Abgeordnete.

Mindestens fünf Prozent der Mitglieder des Bundestages, die meist derselben Partei angehören, können eine Fraktion bilden und somit gemeinsame Ziele durchsetzen.

EA

Aufgabe 1: *Beantworte die folgenden Fragen in vollständigen Sätzen.*

a) Was sind Parteien? Erkläre mit deinen eigenen Worten.

b) Welche Parteien kennst du?

DEUTSCHE DEMOKRATIE
Das Wesen der Staatsgewalt – Bestell-Nr. 11 771

Aufgabe 2: *Verbinde die Begriffe mit den passenden Definitionen.*

Partei, die Mitglieder und vor allem Wähler in allen Gruppen der Bevölkerung hat (und über eine große Anhängerschaft verfügt).	1
Ein vom Volk für eine festgelegte Zeit in eine parlamentarische Institution gewählter Vertreter (auch Deputierter oder Delegierter).	2
Organisatorische Gliederung im Parlament, in der alle Abgeordneten einer Partei oder befreundeter Parteien zusammengeschlossen sind.	3

A	Fraktion
B	Volkspartei
C	Abgeordneter

Aufgabe 3: *Informiert euch zu zweit über die Verteilung der Sitze im Bundestag nach der Wahl 2009 und malt die Verteilung in die Skizze. Fertigt vorher eine Legende an, in der ihr deutlich macht, welche Farbe welcher Partei zugeordnet wird. Achte beim Einzeichnen in die Skizze auf die Prozentzahl und deren richtige Übertragung in den Halbkreis (Gradzahl).*

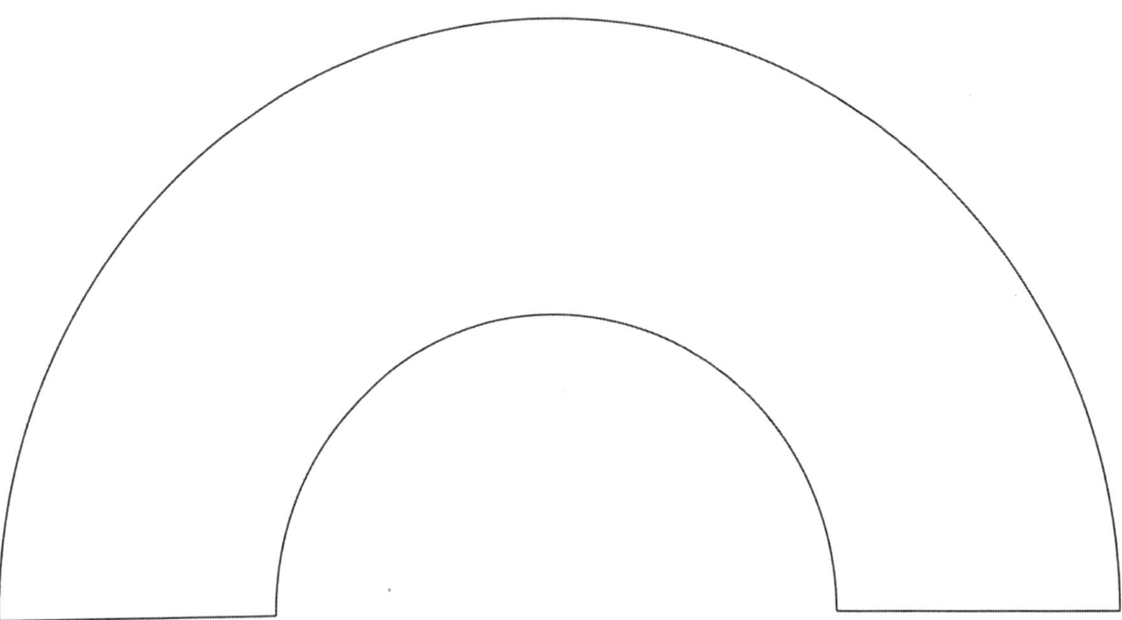

 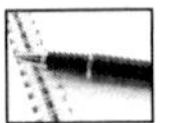

Aufgabe 4: *Was fällt dir im Vergleich zur aktuellen Situation auf? Was hat sich verändert? Welche Partei hat mehr/weniger Sitze erlangt? Wodurch können solche Verteilungsänderungen entstehen? Schreibe deine Gedanken in dein Heft und diskutiert gemeinsam in der Runde.*

DEUTSCHE DEMOKRATIE

Man darf auf dem Wahlzettel zwei Kreuze machen: Mit der **Erststimme** (linke Spalte) wählt man den Direktkandidaten im jeweiligen Heimatwahlkreis – insgesamt sind das 299 Kandidaten in 299 Wahlkreisen. Das sind meist Parteimitglieder, aber weiter unten auf dem Zettel finden sich auch unabhängige Kandidaten, die ohne Parteiunterstützung in den Bundestag einziehen wollen. Wer die meisten Erststimmen im Wahlkreis erhält, zieht auf jeden Fall als Vertreter der Bürger vor Ort in den Bundestag ein. Dortmund beispielsweise ist in zwei Wahlkreise aufgeteilt, etwa in Ost und West. In jedem Wahlkreis deutschlandweit leben etwa 250.000

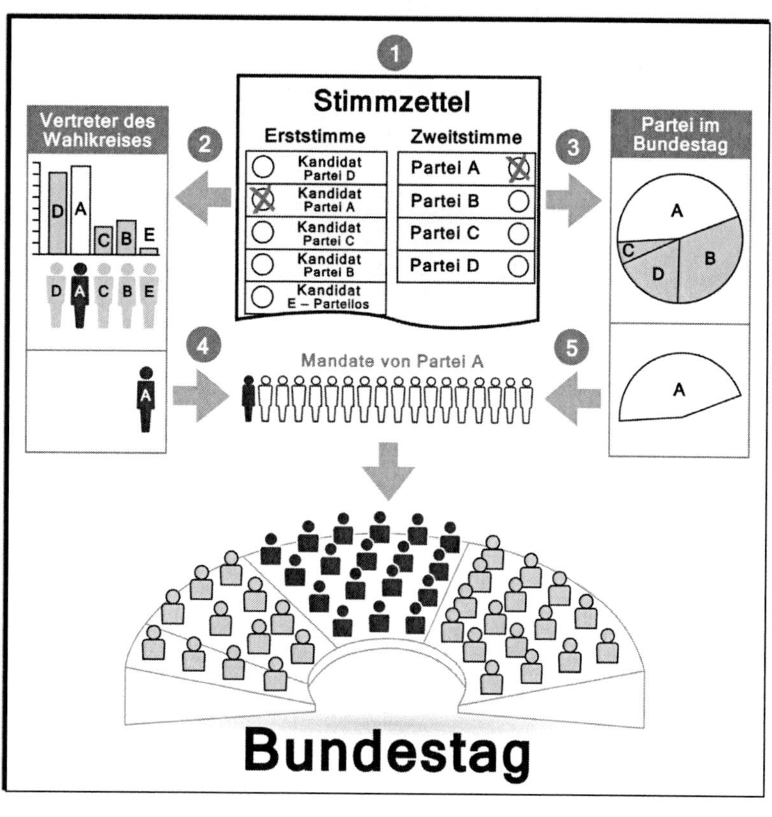

Menschen. **Die Zweitstimme** (rechte Spalte) gibt man dagegen einer Partei und entscheidet damit über die Mehrheitsverhältnisse im Bundestag. Die Vertreter im Parlament wählen dann den Bundeskanzler – darauf hat man als Wähler also nur indirekten Einfluss.

Das deutsche, sogenannte **personalisierte Verhältniswahlsystem** verbindet damit zwei Elemente und zwei Ziele: Einerseits will es den Kandidaten im Wahlkreis möglichst an den Wähler binden: Dadurch, dass er direkt über die Erststimme wählbar ist, kann sich ein Kandidat eine gewisse Unabhängigkeit erlauben, auch gegenüber der eigenen Partei. So kann er zum Beispiel regionale Interessen vertreten oder seinem Gewissen und nicht dem Parteiwillen folgen. Allerdings zieht bei der Erststimme nur der Kandidat mit den meisten Stimmen in das Parlament ein. Die restlichen Stimmen verfallen.

Um diese vermeintliche Ungerechtigkeit auszugleichen, gibt es die Zweitstimme: Sie legt das Verhältnis der Parteien fest: Wenn deutschlandweit eine Partei 30 Prozent der Zweitstimmen erzielt, bekommt sie auch mindestens 30 Prozent der Sitze im Bundestag. Jede Stimme zählt hier gleich viel, und es fallen keine der Stimmen unter den Tisch. Eine Partei braucht mindestens fünf Prozent der Zweitstimmen, um Sitze im Bundestag zu erhalten. Hat sie weniger, geht sie komplett leer aus. Mit dieser Regelung soll das Parlament arbeitsfähig bleiben und nicht durch viele kleine Splitterparteien blockiert werden.

Anders als der Name vermuten lässt, ist die Zweitstimme entscheidend: Sie legt das Kräfteverhältnis der Parteien im Bundestag fest. Hier entscheidet sich, ganz unabhängig von der Erststimme und den Direktkandidaten, ob etwa eine Partei die Fünf-Prozent-Hürde schafft oder ob eine Koalition aus Parteien die Mehrheit erlangt. Bei den Prognosen und Hochrechnungen am Wahlabend geht es deswegen immer um die Zweitstimme. Im Bundestag gibt es regulär 598 Sitze, je nach Zweitstimmenergebnis werden sie auf die Parteien verteilt. Auf diese Sitze der Partei kommen dann zunächst die 299 Erststimmen-Gewinner aus den Wahlkreisen. Was dann noch an Sitzen übrig ist, wird mit Politikern aus den Landeslisten besetzt.

DEUTSCHE DEMOKRATIE
Das Wesen der Staatsgewalt – Bestell-Nr. 11 771

Aufgabe 1: *Fülle den Lückentext mit den passenden Begriffen.*

> Zweitstimmen – (Direkt-)Kandidat – Zweitstimme – Parteien –
> 598 – Sitzverteilung – personalisiertes Verhältniswahlsystem –
> Bundestag/Parlament – Erststimme – Partei

Das aktuell bestehende Wahlsystem in Deutschland wird auch

__________________________ __________________________

genannt. Dabei ist die __________________ von größerer Bedeutung als

die __________________. Bei der Erststimme wählt man einen

__________________ , wohingegen bei der

Zweitstimme die __________________ selbst gewählt

wird, welche dann ausschlaggebend für die

__________________ im __________________

ist. Im Bundestag gibt es regulär __________ Sitze, je

nach __________ergebnis werden sie auf die

__________________ verteilt.

Aufgabe 2: **a)** *Wahr oder falsch? Kreuze an.*

		Richtig	Falsch
a)	Man darf auf dem Wahlzettel zwei Kreuze machen.		
b)	Wer die meisten Zweitstimmen im Wahlkreis erhält, zieht auf jeden Fall in den Bundestag ein.		
c)	Die Zweitstimme legt das Verhältnis der Sitze pro Partei im Bundestag fest.		
d)	Im Bundestag gibt es regulär 589 Sitze.		
e)	Das deutsche Wahlsystem wird auch personalisiertes Verhältniswahlsystem genannt.		

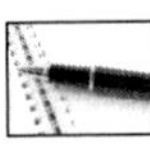

b) *Korrigiere die falschen Aussagen in deinem Heft/Ordner.*

EA

Aufgabe 3:   *Erst- oder Zweitstimme? Ordne die Begriffe zu.*

Wahl eines Direktkandidaten – Wahl einer Partei – unabhängige Kandidaten – maßgebliche Stimme – regionale Bürgervertretung – Kräfteverhältnis der Parteien im Bundestag – jede Stimme zählt – Fünf-Prozent-Hürde

Erststimme	Zweitstimme

EA

Aufgabe 4:   *Definiere folgende Begriffe. Schau dazu im Duden nach der jeweiligen Bedeutung.*

a) Wahlkreis ⇨ ____

____

b) Fünf-Prozent-Hürde ⇨ _______________________________________

____

c) Koalition ⇨ ____

____

EA

Aufgabe 5:   *Welche Vorteile hat das personalisierte Verhältniswahlsystem? Erkläre mit deinen eigenen Worten.*

DEUTSCHE DEMOKRATIE
Das Wesen der Staatsgewalt   –   Bestell-Nr. 11 771
KOHL VERLAG

Auch in der Schule sind demokratische Elemente oft aufzufinden. Vom Klassensprecher über die SMV und den Elternbeirat. All das sind Interessenvertreter, die sich aktiv an der Gestaltung des Schullebens beteiligen. Ihre Aufgaben umfassen die Vermittlung zwischen Schülern und Lehrern oder sogar zwischen Schülern und dem Rektor. Bei Fragen organisatorischer Art sind beispielsweise die jeweiligen Klassensprecher Repräsentanten einer Interessengruppe. Sie setzen sich für die Ziele und Interessen ihrer Mitschüler ein. Sie regeln umfangreiche Arbeit im Namen der Klasse, in ständiger Rücksprache mit den Mitschülern, versteht sich. So werden auch Wahlen zur Klassensprecherkandidatur oder Konflikte unter Mitschülern gemeinsam selbstständig geklärt. Aber auch Eltern der Schüler wirken politisch im Schulleben ihrer Kinder mit. So etwa der Elternbeirat, welcher, sei es die Verwaltung der Klassenkasse und dem Klassenbudget oder der Planung von Elternabenden, das Schulleben erheblich erleichtert. Zudem wird dadurch gesichert, dass alle Wünsche, Anregungen und Interessen der Schüler auch tatsächlich angehört werden.

Das repräsentative System hat schlussfolglich den großen Vorteil, dass bei Anliegen beispielsweise an den Rektor der Schule nur eine oder maximal zwei Personen dieses Anliegen in einem persönlichen Gespräch bei ihm äußern. Somit werden massenhafte Anstürme von drängenden Schülern verhindert.

Das System kann aber auch einige Nachteile mit sich ziehen. Minderheiten in der Klasse können leicht überhört werden. Schon allein eine Enthaltung aus einer klasseninternen Diskussion kann dazu führen, dass diese Stimme zukünftig nicht mehr berücksichtigt wird. Es ist außerdem ziemlich schwierig, bei einem Anliegen oder einer Diskussion in der Klasse die Aufmerksamkeit aller Schüler zu bekommen. Denn je nach Anliegen betrifft es nur einen Teil der Klasse. Die restlichen Schüler könnten schnell das Interesse daran verlieren, sich auch bei einem Thema, das sie nicht direkt betrifft, miteinzubringen.

Insgesamt pflegen jedoch viele Schulen in Deutschland demokratische Ämter und Wahlen in ihrem Schulalltag. Meistens werden Kinder und Jugendliche deshalb schon früh mit demokratischen Prinzipien in Berührung gebracht. Sie lernen, selbstständig und mit Verantwortung im Schulleben mitzuwirken und sich bei Anliegen und Diskussionen einzubringen und eine Meinung zu vertreten.

Aufgabe 1: *Welche demokratischen Elemente der Schule werden im Text genannt? Zähle auf.*

1. _______________________________

2. _______________________________

3. _______________________________

Aufgabe 2: *Welche demokratischen Elemente gibt es in eurer Schule? Informiert euch zum Beispiel bei eurem Klassenlehrer oder beim Schulleiter.*

DEUTSCHE DEMOKRATIE

Aufgabe 3: *Stelle dir folgende Situation vor: In eurer Schule kam die Forderung nach einem neuen Boden auf, weil der alte Teppichboden bereits verschmutzt ist. Dazu gibt es unterschiedliche Meinungen.*

Schüler

Ich finde es dringend notwendig, dass wir einen neuen Boden bekommen. Der alte sieht schon ziemlich schmutzig aus. Mit einem neuen Boden würde ich mich viel wohler fühlen und auch besser lernen können.

Lehrer

Ich finde, ein neuer Boden ist nicht unbedingt nötig. Der alte sieht zwar nicht mehr so schön aus, aber wir sollten das Geld lieber für etwas anderes verwenden. Zum Beispiel brauchen wir unbedingt neue Tafeln. Das wäre viel wichtiger.

Schulleiter

Ein neuer Boden für die Schule wäre zwar toll, doch leider kann ich nicht zustimmen. Ein neuer Boden würde bedeuten, dass wir die Schule für mindestens drei Wochen schließen müssten. Eine Menge Unterricht würde ausfallen.

Hausmeister

Ich bin gegen einen neuen Boden. Ein neuer Boden würde für mich eine Menge Arbeit bedeuten. Denn ein Boden ist nicht schnell mal so verlegt. Ich, als Ansprechpartner für die Handwerker, hätte dann eine Menge Überstunden.

Reinigungskraft

Hoffentlich bekommen wir bald einen neuen Boden. Das würde mir eine Menge Arbeit ersparen. Denn der alte Teppichboden sieht immer mitgenommener aus und es wird auch immer schwieriger, ihn richtig sauber zu bekommen.

Eltern

Wenn die Schule meines Sohnes einen neuen Boden bekommen würde, würde ich das befürworten. Oft hört man nämlich, dass Teppichböden unhygienisch seien und Allergien verursachen.

Es gibt verschiedene Varianten, zu einer Entscheidung zu kommen. Für welche der folgenden Möglichkeiten würdest du dich entscheiden? Begründe.

a) ☐ Der Schulleiter entscheidet, denn er hat den Überblick über die schulischen und finanziellen Angelegenheiten.

b) ☐ Die Schulversammlung, die aus Vertretern aller am Schulleben beteiligten besteht, soll entscheiden.

c) ☐ Es solle eine Abstimmung geben, in der jeder seine Stimme abgeben darf.

DEUTSCHE DEMOKRATIE
Das Wesen der Staatsgewalt — Bestell-Nr. 11 771
KOHL VERLAG

Gesetze bilden die Grundlage demokratischer Staaten. Von der ersten Idee bis zum Beschluss eines Gesetzes ist es aber oftmals ein langer Weg. Die zentralen Mitspieler im Gesetzgebungsprozess sind die Bundesregierung, der Bundestag und seine jeweiligen Fachausschüsse, der Bundesrat, der Vermittlungsausschuss und der Bundespräsident.

In Deutschland haben Bundesregierung sowie Bundestag und Bundesrat das Recht, ein neues Gesetz zur Abstimmung vorzulegen. Dieses Recht nennt man auch Initiativrecht. Die meisten im Bundestag beschlossenen Gesetze werden von der Regierung eingebracht. Bei der Vorbereitung und Ausarbeitung der Gesetze stehen der Bundesregierung umfangreiche Verwaltungsapparate in den Ministerien zur Seite. Weil die Bundesregierung meist auch über eine Mehrheit im Bundestag verfügt, haben ihre Gesetzesvorschläge gute Chancen, im

Bundestag verabschiedet zu werden. Nachdem ein Ministerium einen Gesetzesentwurf erarbeitet und die Bundesregierung diesem zugestimmt hat, wird dieser dem Bundesrat zur Stellungnahme zugeleitet. Die Regierungen der Länder können so dem Bundestag mitteilen, wie sie den Entwurf beurteilen. Diese Stellungnahme muss mehrheitlich vom Bundesrat beschlossen werden. Aber auch der Bundesrat kann Gesetzesvorlagen einbringen. Sie werden dann umgekehrt zuerst der Regierung zur Stellungnahme vorgelegt.

Mit dieser Stellungnahme versehen, geht der Entwurf auf direktem Weg ins Parlament. Dort findet die sogenannte erste Lesung statt. Anschließend beschäftigen sich die Abgeordneten in Fachausschüssen mit dem Entwurf. In diesen Ausschüssen sitzen meist die Fachpolitiker der Bundestagsparteien. Hier wird die Gesetzesvorlage geprüft, beraten und gegebenenfalls noch einmal verändert. Anschließend wird die veränderte Version erneut dem Plenum im Bundestag zur Debatte gestellt. In dieser zweiten Lesung kann beispielsweise die Opposition noch einmal Änderungsanträge einbringen und somit ihre Bedenken zu einem Gesetz für die Öffentlichkeit formulieren. Nach der zweiten Lesung schließt sich

oft direkt die dritte Lesung an, in der über das Gesetz abgestimmt und dieses vom Bundestag angenommen oder aber auch abgelehnt werden kann. Nimmt die Mehrheit des Bundestages die Vorlage an, wird sie an den Bundesrat weitergeleitet. Stimmt auch der Bundesrat der Gesetzesvorlage zu, ist das Gesetzgebungsverfahren abgeschlossen. Das Gesetz wird durch die Regierung unterschrieben und dem Bundespräsidenten zur Ausfertigung übergeben.

Nun kann es aber zu folgendem Konflikt kommen: Lehnt der Bundesrat den Gesetzesentwurf aber ab, wird der Vermittlungsausschuss angerufen, welcher aus insgesamt 32 Mitgliedern besteht. Jeweils die Hälfte der Plätze belegt in diesem Ausschuss der Bundesrat und der Bundestag. Seine Aufgabe ist es, einen Kompromiss zwischen Bundestag und Bundesrat zu finden. Bei sogenannten Zustimmungsgesetzen, die die Rechte der Länder betreffen, ist eine Zustimmung des Bundesrates unverzichtbar.

Bei Einspruchsgesetzen, die die Länderrechte nicht betreffen, kann der Bundestag das Gesetz auch ohne Zustimmung des Bundesrates verabschieden.

Finden Bundestag und Bundesrat bei einem Zustimmungsgesetz aber keinen Kompromiss, so gilt das Gesetz als gescheitert. Dies ist aber eher selten der Fall, da sich in solchen Situationen immer ein Kompromiss ergibt. Dieser Kompromiss wird dann zuerst an den Bundestag geschickt. Stimmt dieser dem Kompromissvorschlag zu, so wird er dem Bundesrat vorgelegt. Stimmt dieser jedoch dem nicht zu, so ist das Verfahren und somit das Gesetz endgültig gescheitert. Im umgekehrten Fall gilt das Gesetz als verabschiedet. Anschließend kommt es zur Ausfertigung und Unterzeichnung durch die Bundesregierung. Der Bundespräsident setzt ebenfalls seine Signatur unter das neue Gesetz. Zum Schluss wird es von ihm im Bundesgesetzblatt verkündet und tritt somit in Kraft.

Aufgabe 1:

a) *Zu Beginn wird in der Klasse ein gemeinsamer Treffpunkt vereinbart.*

b) *Jeder liest nun den ersten Abschnitt des Textes in Einzelarbeit und still durch. Anschließend wird das Wichtigste im Text unterstrichen. Jeder schreibt dann die zentralen Aussagen dieses Abschnittes heraus.*

c) *Wer mit dieser Aufgabe fertig ist, geht zu dem vereinbarten Treffpunkt und wartet dort solange, bis ein anderer Mitschüler hinzukommt.*

d) *Ihr tauscht nun eure Ergebnisse untereinander aus und vergleicht sie. Wenn ihr noch Fragen habt oder etwas unklar geblieben ist, könnt ihr dies mit eurem Partner besprechen.*

e) *Anschließend geht jeder wieder an seinen Platz zurück und wiederholt diese Arbeitsschritte mit dem zweiten Abschnitt des Textes.*

f) *So geht es immer weiter, bis der komplette Text gelesen und besprochen wurde.*

Aufgabe 2:

Angenommen, es wird eine Gesetzesvorlage durch die Bundesregierung eingebracht und der Bundesrat stimmt diesem zu, das heißt, es muss kein Kompromiss gefunden werden. Wie verläuft der Gesetzgebungsprozess? Bringe die Sätze in die richtige Reihenfolge, indem du die richtige Nummer in das Kästchen schreibst.

	In der dritten Lesung stimmt der Bundestag über die Annahme oder die Ablehnung des Gesetzes ab.
	Der Gesetzesentwurf wird dem Bundesrat zur Stellungnahme zugeleitet.
	Zum Schluss fertigt der Bundespräsident das Gesetz aus und unterschreibt es.
	Auch der Bundesrat muss über die Annahme oder die Ablehnung des Gesetzes abstimmen.
	Die Bundesregierung bringt einen Gesetzesentwurf vor.
	Die Gesetzesvorlage wird von Fachpolitikern der Bundestagsparteien geprüft.
	In der zweiten Lesung kann beispielsweise die Opposition ihre Bedenken an dem Entwurf äußern.
	Im Bundestag findet die erste Lesung des Entwurfs statt.

DEUTSCHE DEMOKRATIE   Das Wesen der Staatsgewalt – Bestell-Nr. 11 771

EA

Aufgabe 3: *Kreuze an, für welches Organ die jeweiligen Aufgaben zutreffen.*

	Bundes-regierung	Bundes-tag	Bundes-rat	Bundes-präsident
Kann eine Gesetzesvorlage einbringen.				
Muss zur Stellungnahme kontaktiert werden.				
Stimmt über Gesetze ab.				
Unterschreibt das neue Gesetz.				
Fertigt das Gesetz aus und verkündet es.				

EA

Aufgabe 4: *Beantworte die folgenden Fragen in vollständigen Sätzen.*

a) Warum muss der Bundesrat bei Zustimmungsgesetzen unbedingt zustimmen?

____

____

____

b) Wann gilt ein Gesetz als gescheitert?

____

____

____

Aufgabe 5: *Eine Bundestagsabgeordnete wird gefragt, warum der Gesetzgebungs-prozess so lange dauert. Was meinst du, was sie antworten würde?*

DEUTSCHE DEMOKRATIE

Lobbyismus

Lobbyismus bezeichnet die Einflussnahme auf politische Entscheidungen oder die öffentliche Meinung durch Vertreter von Interessenverbänden. Zu Interessenverbänden zählen zum Beispiel Wirtschafts- und Sozialverbände, Umweltschutzorganisationen, Arbeitnehmerverbände oder auch die Kirche.

Die Aufgabe von Lobbyisten, also von Vertretern solcher Verbände, besteht darin, Informationen zu bestimmten Themen zu sammeln und an politische Entscheidungsträger weiterzugeben und sie zu beraten. Sie möchten Abgeordnete somit zu ihren Gunsten beeinflussen. Politiker sind sogar auf dieses Wissen angewiesen, denn heutzutage erfordern politische Entscheidungen sehr komplexes Wissen, über das ein Einzelner nicht verfügen kann. Zum Beispiel bei der Frage um Atomenergie. Ein Abgeordneter kann nicht bis ins Detail wissen, wie sich Maßnahmen im Umweltschutz auf Unternehmen auswirken können. Deshalb sind Politiker auf das Wissen von Umweltorganisationen, aber auch von Unternehmerverbänden angewiesen. Wenn beides Wissen in gleichem Maße berücksichtigt wird, handelt es sich bei Interessenverbänden um ein sinnvolles demokratisches Instrument. Voraussetzung dafür ist, dass die einflussnehmenden Interessenverbände die Vielfalt in der Gesellschaft repräsentieren.

Der Lobbyismus steht aber auch in der Kritik. Befürchtet wird, dass Interessenverbände auch unerlaubt auf politische Entscheidungsträger Einfluss nehmen wie zum Beispiel durch Korruption. Bestechung und Korruption bestehen dann, wenn Interessenverbände politischen Entscheidungsträgern Geld oder andere Leistungen zukommen lassen, damit der Politiker zu ihren Gunsten entscheidet. Im Vorteil sind dann diejenigen, die über mehr Geld verfügen.

Damit aber eine demokratische Interessenvermittlung zum Wohl der Allgemeinheit gewahrt bleibt, fordern viele mehr Transparenz darüber, wie Interessenvertreter auf politische Entscheidungen Einfluss nehmen. Unerlaubte Einflussnahme soll somit verhindert werden. Gefordert wird auch, dass Abgeordnete des Bundestages ihre Nebentätigkeiten und ihren dortigen Verdienst aufdecken müssen.

Aufgabe 1:   *Finde für jeden Abschnitt des Textes eine passende Überschrift.*

1. ____

2. ____

3. ____

4. ____

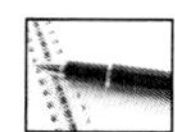

Aufgabe 2:   *Was ist Lobbyismus? Definiere.*

DEUTSCHE DEMOKRATIE
Das Wesen der Staatsgewalt – Bestell-Nr. 11 771

KOHL VERLAG

Aufgabe 3: **a)** *Kreuze die richtigen Aussagen an.*

a) ☐ Lobbyismus wird oft als korrupt angesehen.

b) ☐ Verbände sind weniger die Repräsentanten gesellschaftlicher Vielfalt, vielmehr vertreten sie die staatlichen Interessen.

c) ☐ Im Lobbyismus wird mehr Transparenz und Offenlegung der Aktivitäten gefordert.

d) ☐ „Global Players" sind Unternehmen, welche wenig auf internationaler Ebene agieren.

e) ☐ Die Zunahme an Macht von solchen riesigen Unternehmen ist den Menschen nur zu ihrem Vorteil.

f) ☐ Das zunehmende Bewusstsein der Menschen für die Probleme der Globalisierung hat dazu geführt, dass die Global Player sehr auf den Ruf bei ihren Kunden achten müssen.

b) *Korrigiere die falschen Aussagen.*

____

____

____

____

____

____

Aufgabe 4: *„Lobbyismus gefährdet unsere Demokratie."*
Würdest du dieser Aussage zustimmen? Begründe.

____

____

____

____

Aufgabe 5: 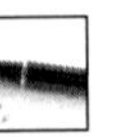 *Manche fordern, dass Abgeordnete des Bundestages ihre Nebentätigkeiten offenlegen müssen. Was steckt deiner Meinung nach hinter dieser Forderung? Schreibe in dein Heft/in deinen Ordner.*

Global Players

Der Begriff „Global Player" bezeichnet ein Unternehmen, das weltweit handelt und produziert. Die Möglichkeit, über Grenzen hinweg auf freien Märkten zu agieren, hat es den multinationalen Unternehmen ermöglicht, fernab von demokratischen Prinzipien Entscheidungen zu treffen. Sie sind lediglich an die Vorgaben der jeweiligen Staaten, in denen sie handeln, gebunden. Natürlich versuchen diese Staaten, die Interessen ihrer eigenen Bevölkerung zu wahren. Allerdings sind sie abhängig von den Unternehmen, die dort produzieren. Denn davon hängt die wirtschaftliche Kraft und Wettbewerbsfähigkeit eines Staates ab. Die Unternehmen geben den Menschen dort Arbeit. Seit Eintreten der Globalisierung stehen sie dabei in Konkurrenz mit den anderen Staaten. Setzt ein Staat nun besonders harte Vorschriften durch, so kann ein Unternehmen seinen Sitz einfach in einen anderen Staat verlegen, welcher wiederum von dem Unternehmen profitiert.

Die Tatsache, dass Global Players eine derart große Macht in der Weltwirtschaft und Weltpolitik eingenommen haben, dient nicht immer dem Wohl der Menschheit. Die große Konkurrenz zwischen den multinationalen Unternehmen sorgt dafür, dass diese dazu gezwungen sind, ihre Effektivität zu vergrößern. Dies geschieht durch niedrige Löhne für die Arbeiter sowie teilweise gewissenlosem Umgang mit der Erde und ihren Ressourcen. Auf der Suche nach maximalem Gewinn lassen diese transnationalen Konzerne Fabriken in Entwicklungsländern errichten, in denen sie die Hilflosigkeit der dortigen Arbeiter ausnutzen. Sie zerstören die lokalen Strukturen und bieten der arbeitslosen, hungernden Bevölkerung eine Chance, ihr Überleben zu sichern – aber unter niedriger Bezahlung. Schutz der Arbeitnehmer existiert nicht oder wird durch die Unternehmen umgangen, wodurch die Arbeiter teilweise zwölf Stunden am Tag für einen Euro Verdienst arbeiten.

Das zunehmende Bewusstsein der Menschen für die Probleme der Globalisierung hat dazu geführt, dass die Global Players sehr auf den Ruf bei ihren Kunden achten müssen. Gerät in die Schlagzeilen, dass ein Global Player besonders schlechte Arbeitsbedingungen in seinen Fabriken toleriert, so schlägt sich dies negativ auf den Umsatz nieder. Das Unternehmen muss also reagieren.

Aufgabe 6: *Erkläre an einem Unternehmen deiner Wahl, was es zu einem Global Player macht. Schreibe alles, was du recherchiert hast, in dein Heft/in deinen Ordner. Stelle dein Unternehmen deinem Partner vor.*

Aufgabe 7: *Einhaltung demokratischer Prinzipien auch im Ausland oder günstige Waren in Deutschland für alle – was ist eurer Meinung nach wichtiger? Diskutiert in der Gruppe.*

DEUTSCHE DEMOKRATIE
Das Wesen der Staatsgewalt – Bestell-Nr. 11 771
KOHL VERLAG

Wodurch zeichnet sich eine demokratische Gesellschaft aus?

Konkret an der Bundesrepublik lassen sich folgende Prinzipien und Werte festmachen, die besonders in Gesellschaften, die in einer Demokratie leben, vorzufinden sind.

1. Pluralismus

Das Wort „Pluralismus" kommt aus dem Lateinischen und steht für „Vielfalt". Mit Vielfalt ist gemeint, dass in einer Gesellschaft verschiedene Wertevorstellungen, Interessen und Denkweisen existieren dürfen. Schon wenn man die einzelnen Parteien in Deutschland betrachtet, kann man den Pluralismus erkennen. Sie alle haben unterschiedliche Parteiprogramme, vertreten verschiedene Wertevorstellungen und setzen sich für unterschiedliche Ziele sowie Gesellschaftsgruppen und Themen ein.

Die Demokratie lebt vom Pluralismus, denn sie bedeutet die Herrschaft des Volkes. In einem Volk gibt es aber unterschiedliche gesellschaftliche Schichten und Gruppen, verschiedene Religionen, Einstellungen, Denkweisen und vieles mehr. Außerdem sind in den Grundprinzipien einer Demokratie freie Wahlen verankert und dies kann nur möglich sein, wenn man unterschiedliche Denkweisen und Einstellungen zulässt. Im Grundgesetz ist dies beispielsweise mit dem Artikel zur Gewährung von Meinungsfreiheit verankert.

Aufgabe 1: *Erkläre den Begriff „Pluralismus" in eigenen Worten.*

Aufgabe 2: *Welche unterschiedlichen Wertevorstellungen kennst du?*

Aufgabe 3: *Unterschiedliche Wertevorstellungen können auch zu Konflikten in einer Gesellschaft führen. Kannst du ein Beispiel nennen?*

2. Massenmedien – Meinungsbildung, Kontrolle und Kritik

In der Demokratie werden den Massenmedien Presse, Hörfunk und Fernsehen zum Teil ähnliche Funktionen zugeordnet: Zum einen sind die Massenmedien dafür zuständig, so vollständig, sachlich und verständlich wie möglich zu informieren, damit die breite Bevölkerung in der Lage ist, das öffentliche Geschehen zu verfolgen. Mit ihren Informationen sollen sie dafür sorgen, dass die einzelnen Bürgerinnen und Bürger die wirtschaftlichen, sozialen und

politischen Zusammenhänge begreifen. Außerdem sollen sie ihre Interessenlage erkennen und über die Absichten und Handlungen aller am politischen Prozess Beteiligten so umfassend informiert sein, dass sie selbst aktiv daran teilnehmen können. In der politischen Praxis sind die Möglichkeiten, an der Meinungsbildung teilzunehmen, recht unterschiedlich verteilt. Die in den Parlamenten vertretenen Parteien, die Kirchen, Gewerkschaften, Unternehmerverbände und andere Organisationen haben bessere Aussichten, in den Massenmedien Beachtung zu finden als ethnische, religiöse und politische Minderheiten. Im parlamentarischen Regierungssystem obliegt in erster Linie der Opposition die Aufgabe der Kritik und Kontrolle. Diese wird unterstützt und ergänzt durch die Kritik- und Kontrollfunktion der Medien. Ohne Presse, Hörfunk und Fernsehen, die die Missstände im politischen System aufspüren und durch ihre Berichte unter anderem parlamentarische Anfragen und Untersuchungsausschüsse anregen, liefe die Demokratie Gefahr, der Korruption oder der bürokratischen Willkür zu erliegen.

Aufgabe 4: 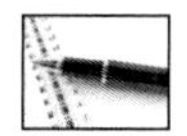 *Du siehst unten eine Karikatur. Was kritisiert der Karikaturist? Schreibe in dein Heft. Gehe auch auf die zeichnerische Gestaltung ein und versuche diese mit dem inhaltlichen Gedanken zu verbinden. Wie hat der Zeichner seine Gedanken zeichnerisch umgesetzt?*

EA

Rollenspiel zum Thema „Flüchtlinge in Deutschland"

Alle Diskussionsteilnehmer erhalten ein Rollenkärtchen mit einer kurzen Beschreibung der Rolle. Dabei können auch drei bis vier Schüler die gleiche Rolle einnehmen. Diese Rollenkarten drücken beispielsweise die politische, ökonomische oder weltanschauliche Position einer gesellschaftlichen Gruppe aus.

Zusätzlich gibt es eine Diskussionsleitung, die das Gespräch eröffnet und in das Thema einführt. Außerdem wird ein Zeitwächter ausgewählt, der für die Überwachung der Dauer der Redebeiträge zuständig ist.

Nun bekommen alle Schüler 15-20 Minuten Zeit, um sich auf ihre Rolle vorzubereiten. Innerhalb einer Gruppe mit der gleichen Rollenkarte wird gemeinsam die Rolle definiert und überlegt, ob diese Person gegen oder für die Aufnahme von Flüchtlingen in Deutschland ist. Dafür sind überzeugende Argumente wichtig. Diese können schriftlich festgehalten werden. Die Diskussionsleitung kann beispielsweise überlegen, welche Fragen sie in das Gespräch einbringen könnte.

Bei großen Gruppen eignet sich die Methode des Fishbowl. Das heißt, es gibt einen Innen- und einen Außenkreis. Im Innenkreis sitzt aus jeder Gruppe jeweils ein Diskussionsteilnehmer. Die anderen aus der gleichen Gruppe sitzen im Außenkreis und haben die Aufgabe, den Diskussionsteilnehmer aus ihrer Gruppe zu beraten. Auf diese Weise werden alle integriert. Eine andere Möglichkeit wäre, das Rollenspiel in mehreren Teilgruppen durchzuführen.

Um das Rollenspiel echt wirken zu lassen, könnte die Lehrperson die Diskussion mit folgenden Worten eröffnen: „Wir sind jetzt die Gemeinderäte der Stadt xy. Jeder von uns hat andere Interessen und Meinungen. Wir wollen in Respekt und Toleranz, aber klar in unsere Rollen schlüpfen."

Spielregeln:

- Alle dürfen diskutieren.
- Jede Person stellt sich zu Beginn seines Redebeitrages mit ihrer Rolle vor und spricht in der Ich-Form.
- Die Lehrperson hält sich aus der Diskussion heraus.
- Die Diskussionsleitung führt das Gespräch.
- Der Zeitwächter kontrolliert die Dauer der Redebeiträge.
- Die Diskussionsleitung schließt gegebenenfalls mit einem Meinungsbild.

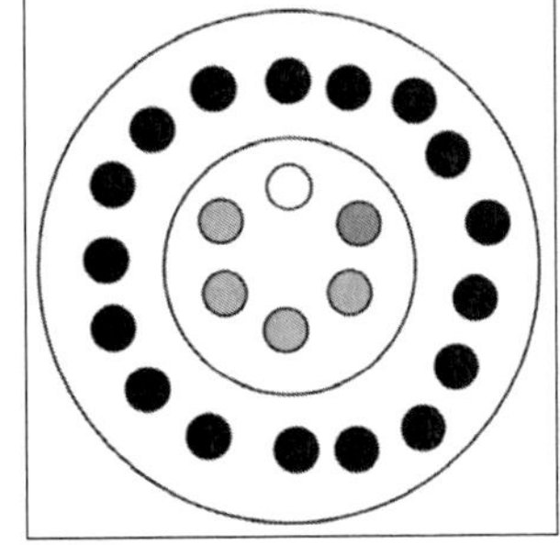

Nach der Durchführung des Rollenspiels

- Seid ihr zu einer einheitlichen Meinung gekommen? Warum/warum nicht?
- Gab es den Fall, dass jemand während der Diskus-sion seine Meinung geändert hat?
- Wie könnte ein Kompromiss aussehen?

1

2

3

4

5

6

7

8

Zeitwächter:

- Achte darauf, dass alle Beteiligten nicht länger als eine vorgeschriebene Zeit (45 sek. - 1 min) als Redezeit nutzen.
- Gib dem Diskussionsleiter ein Zeichen, wann die Diskussion abgeschlossen werden soll.

Diskussionsleitung

- Führe ins Thema ein und achte darauf, dass jeder zu Wort kommt.
- Achte auf einen höflichen Umgang.
- Stelle Fragen, falls die Diskussion nur schleppend voran geht.
- Schließe die Debatte ab.

4

„Ich bin angewiesen auf die monatliche Rente, die mir der Staat bezahlt. Noch kann ich davon leben. Aber noch mehr Bedürftige kann sich unsere Sozialkasse einfach nicht leisten."

Pfarrer

3

„Ich bin Mutter von zwei Kindern und ich bin sehr besorgt. Immer wieder hört man in der Presse, dass Flüchtlinge immer öfter kriminell sind. Ich fürchte mich um die Sicherheit meiner Kinder."

Lehrkraft

2

„Ich sehe die hohen Flüchtlingszahlen kritisch. Diese Kinder können kaum Deutsch. Das bedeutet, dass der Unterricht darunter leidet. Denn oft geht es erst mal darum, Deutsch zu lernen."

Mutter von 2 Kindern

1

„Flüchtlinge stehen unter einem besonderen Schutz Gottes. Wir Christen sollten unsere Türen und Herzen für diese Menschen öffnen."

Rentnerin

5

„Die, die die Aufnahme von Flüchtlingen befürworten, sehen nicht, welch bürokratischer Aufwand dahintersteckt. Momentan gibt es so viel zu tun, dass andere Sachen liegen bleiben müssen."

Jugendliche

7

„Diese Menschen haben einen weiten und zum Teil gefährlichen Weg hinter sich. Alle haben ein Ziel: Ein sicheres Leben. Deshalb muss diesen Menschen unbedingt geholfen werden."

Inhaber eines Unternehmens

6

„Durch die Zuwanderung von Flüchtlingen erhoffe ich mir neue und qualifizierte Arbeitskräfte, die mein Unternehmen voranbringen."

Sozialarbeiter

8

„Ich bin neugierig auf die Flüchtlinge, die bald in unser Dorf kommen. Ich bin gespannt auf die Menschen und ihre Kultur, die sie mitbringen. Vielleicht kann man ja etwas von ihnen lernen."

Beamter

In Deutschland ist die Allgemeine Erklärung der Menschenrechte stark in den Köpfen der Menschen verankert und besitzt aufgrund der deutschen Geschichte einen besonderen Stellenwert. Deutschland hat alle zentralen Übereinkommen der Europäischen Union und der Vereinten Nationen zum Schutz der Menschenrechte unterzeichnet. Weltweit trägt Deutschland mit Projekten und Initiativen dazu bei, dass der Schutz der Menschenrechte gewahrt wird.

Doch laut deutscher Sektion der Menschenrechtsorganisation Amnesty International werden auch hierzulande Menschenrechte verletzt. So hat Deutschland in den vergangenen Jahren Waffen nach Saudi-Arabien, Ägypten, Libyen, Bahrain oder in den Jemen geliefert. Dabei sei absehbar gewesen, dass diese auch zur Unterdrückung von friedlichen Protesten eingesetzt würden.

Vorwürfe im Zusammenhang mit dem Anti-Terror-Kampf machte Amnesty auch deutschen Behörden. Migranten ohne regulären Aufenthaltsstatus würden nach wie vor ihre wirtschaftlichen, sozialen und kulturellen Rechte vorenthalten werden. Auch das US- Außenministerium kritisiert in seinem Jahresbericht Menschrechtsverletzungen in Deutschland. Als Verstöße wurden vor allem Ausländerfeindlichkeit, Antisemitismus und die Diskriminierung religiöser Minderheiten wie Muslime und Scientologen genannt. Generell erkannte der Bericht aber an, dass die Menschenrechte in Deutschland staatlicherseits respektiert werden.

Viele deutsche Unternehmen geraten wegen schlechter Arbeitsbedingungen oder Umweltverschmutzung insbesondere in ihren ausländischen Werken in Erklärungsnot. Ob Kinderarbeit in Asien oder das giftige Abfackeln von Gas in Afrika – immer wieder sind deutsche Firmen in Skandale verwickelt. Bessere Qualifikationsabschlüsse junger Frauen zahlen sich nicht in gleichen Beschäftigungs- und Einkommenschancen aus. Zwar sind Frauen weiterhin auf dem Vormarsch auf den Erwerbsmärkten, doch von Gleichheit kann noch lange nicht die Rede sein. Die Mehrzahl der Frauen bleibt in flexibler, schlecht bezahlter und in Teilzeitbeschäftigung hängen. Das Einkommen von Frauen liegt in Deutschland um 12 Prozent unter dem von Männern. Dass Frauen in den Chefetagen eher selten sind, zeigt sich bei den „Top-Führungskräften" noch stärker.

Aufgabe 1:

a) *Jeder liest den Text für sich alleine durch und streicht sich dabei die wichtigsten Aussagen an.*

b) *Anschließend formuliert jeder fünf Aussagen zum Text, in die er absichtlich jeweils einen Fehler einbaut.*

c) *Dann werden die fehlerhaften Aussagen mit denen des Partners ausgetauscht. Jeder hat nun die Aufgabe, die Fehler zu finden und die Aussagen zu korrigieren.*

d) *Zuletzt werden die korrigierten Aussagen wieder untereinander ausgetauscht. Der jeweils andere überprüft nun, ob der Fehler gefunden und korrekt korrigiert wurde.*

DEUTSCHE DEMOKRATIE
Das Wesen der Staatsgewalt – Bestell-Nr. 11 771

Aufgabe 2: *In diesem Wörtergitter sind acht Begriffe versteckt, die mit den Menschenrechten verknüpft sind. Finde und markiere sie.*

A	R	B	E	I	T	S	B	E	D	I	N	G	U	N	G	E	N
U	L	U	P	B	C	S	W	E	D	L	X	Ü	N	L	H	F	R
S	C	V	N	M	L	D	R	T	D	I	D	W	T	S	A	U	O
L	Q	Ö	H	J	F	B	C	H	Y	L	P	S	E	Q	W	H	J
Ä	T	Z	I	G	F	V	H	S	C	H	Ä	D	R	A	P	H	L
N	P	Ö	D	E	V	B	M	Y	X	U	O	S	D	D	R	E	I
D	Ö	D	I	S	K	R	I	M	I	N	I	E	R	U	N	G	L
E	F	Q	Ö	H	J	F	B	C	H	Y	L	P	Ü	D	H	J	S
R	V	T	Z	I	G	F	V	H	S	C	H	Ä	C	K	M	K	V
Z	G	G	O	R	N	M	T	P	R	O	J	E	K	T	E	P	O
H	L	U	P	B	C	S	W	I	D	L	X	Ü	U	D	K	A	R
D	C	V	N	M	L	D	R	T	D	I	D	W	N	X	I	E	W
U	Q	Ö	H	J	F	B	C	H	Y	L	P	S	G	P	U	I	Ü
O	T	Z	I	G	F	V	H	S	C	H	Ä	D	S	I	R	S	R
N	M	E	N	S	C	H	E	N	R	E	C	H	T	E	E	D	F
M	G	P	D	C	Y	R	H	G	P	D	C	Y	R	H	Ö	B	E
R	F	I	S	Ö	Q	M	D	F	I	S	Ö	Q	M	D	K	V	T
G	L	E	I	C	H	B	E	R	E	C	H	T	I	G	U	N	G

1. _______________   2. _______________   3. _______________

4. _______________   5. _______________   6. _______________

7. _______________   8. _______________

Aufgabe 3: *Fasse den Text nun mit Hilfe der gefunden Begriffe kurz zusammen. Schreibe in dein Heft/Ordner.*

Aufgabe 4: *Welche Menschenrechte kennst du? Nenne mindestens fünf.*

____

____

Aufgabe 5: *Beantworte die folgenden Fragen in vollständigen Sätzen.*

a) Welchen Stellenwert haben die Menschenrechte in Deutschland?

____

____

____

b) Wie bemüht sich die Bundesrepublik, die Menschenrechte zu bewahren?

____

____

____

c) Welche Fälle von Menschenrechtsverletzung hielt die Organisation „Amnesty International" Deutschland in der Vergangenheit vor?

____

____

____

d) Welche Menschenrechtsverletzungen beobachtete man in der deutschen Berufs- und Unternehmenswelt?

____

____

____

Aufgabe 6: *Hier seht ihr verschiedene internationale Organisationen, die sich für die Einhaltung der Menschenrechte auf der ganzen Welt einsetzen. Sucht euch zu dritt eine aus und gestaltet ein Profilblatt dazu. Dieses Profilblatt stellt den Sitz, das Gründungsjahr sowie die Ziele der Organisation vor. Es kann in Form eines Posters gestaltet werden.*

DEUTSCHE DEMOKRATIE
Das Wesen der Staatsgewalt – Bestell-Nr. 11 771
KOHL VERLAG

Politikverdrossenheit

Die Politikverdrossenheit ist eines der vielen Kritikpunkte am demokratischen System der Bundesrepublik. Darunter versteht man die Haltung der Bürger in Bezug auf politische Aktivitäten, Strukturen, Institutionen oder Politiker, in der Vorbehalte, Misstrauen und Ablehnungen zum Ausdruck kommen. Unter Umständen resultieren daraus Desinteresse und Ablehnung von Politik und politischem Handeln.

Ursachen einer solchen Verdrossenheit liegen auf der Hand. Meist ist die mangelnde Bürgernähe Auslöser für ein zunehmendes Desinteresse am aktuellen politischen Geschehen. Dazu kommt, dass sich vor allem die junge Bevölkerung politisch zu schwach vertreten fühlt und sich somit nicht mit den älteren Politikern identifizieren kann. Ausschlaggebend für so eine negative Entwicklung ist aber auch die Unehrlichkeit vieler Politiker, durch Nichteinhaltung von den in ihrem Wahlprogramm gemachten Versprechen. Außerdem sind viele Vorgänge und Prozesse in der Politik für den Normalbürger nicht transparent, was bei vielen Bürgern einen fehlenden Durchblick verursacht und somit das Vertrauen in diese Prozesse senkt. Meistens treten sogar Wählerinteressen in den Hintergrund, da durch den externen Einfluss das Eigeninteresse der Politiker größer ist als das Gemeinwohl der Bevölkerung.

Auch die Massenmedien tendieren zu überwiegend negativer Berichterstattung, wie zum Beispiel das Schlechtmachen von Politikern, indem sie in ihren Medien die Politiker in ein schlechtes Licht stellen. Somit haben vor allem die Medien direkten Einfluss auf die politische Meinungsbildung der Bevölkerung.

Aufgabe 1: *In folgenden Text ist einiges durcheinandergeraten. Finde die Fehler und schreibe den Text korrigiert unten auf.*

Politikverdrossenheit ist einer der großen Vorteile am demokratischen System der Bundesrepublik. Darunter versteht man das übermäßige Engagement der Bürger für politische Aktivitäten, Strukturen und Institutionen.
Ein Grund für Politikverdrossenheit besteht zum Beispiel in der großen Nähe der Politiker zu den Bürgern. Viele finden auch, dass Politiker zu ehrlich sind und jedes Versprechen ihrer Wahlprogramme bis ins Detail durchsetzen möchten.

Aufgabe 2: *Welche Ursachen für die Politikverdrossenheit werden im Text genannt? Zähle in Stichpunkten auf.*

Aufgabe 3: *Was ist aus der Statistik herauszulesen? Analysiert sie und schreibt auf, was sie aussagt. Welche Extremwerte stellt ihr fest? Was ist außergewöhnlich? Tauscht euch gegebenenfalls mit euren Tischnachbarn aus.*

Ursachen von Wahlmüdigkeit und Politikverdrossenheit in Deutschland in den Jahren 2002 und 2009

Im Jahr 2002 waren für 59 Prozent der Befragten Unzufriedenheit mit Politikern und Parteien Ursachen von Wahlmüdigkeit und Politikvedrossenheit.

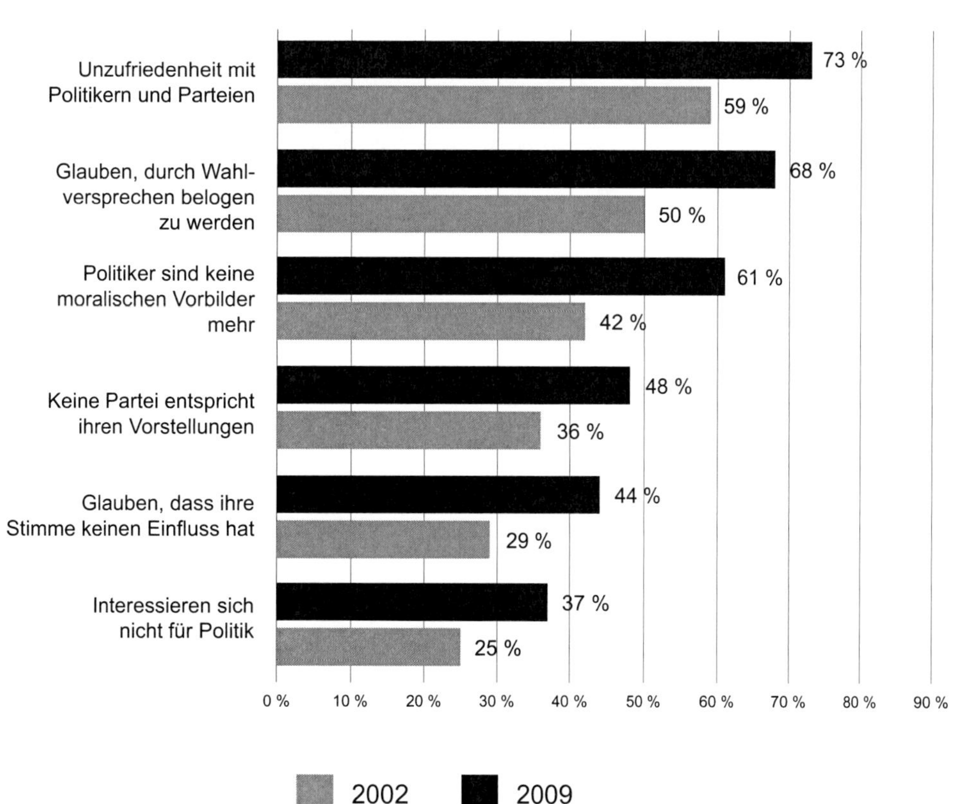

DEUTSCHE DEMOKRATIE
Das Wesen der Staatsgewalt – Bestell-Nr. 11 771
KOHL VERLAG

Aufgabe 4: *Welches Problem könnte ein Politikwissenschaftler in der Politikverdrossenheit sehen? Schreibe in die Sprechblase.*

Aufgabe 5: *Einführung einer Wahlpflicht in Deutschland?*
Wie würdest du dich entscheiden?

Ich bin dagegen, dass man dazu verpflichtet wird, wählen zu gehen. Schließlich soll man das doch selbst entscheiden dürfen. Wer sich nicht für Politik interessiert, wird sich auch bei einer Wahlpflicht nicht darüber informieren. Das würde das Ergebnis verfälschen. Außerdem steht im Grundgesetz, dass Wahlen unter anderem frei sein müssen. Dazu zählt auch, dass man frei und ohne politischen Druck entscheiden darf, ob man wählen will oder nicht.

Ich bin dafür, dass in Deutschland eine Wahlpflicht eingeführt wird. Bei der letzten Bundestagswahl war die Wahlbeteiligung so gering, dass sich etwas ändern muss. Denn die Interessen der Nichtwähler werden auch nicht im Bundestag vertreten. Jeder Bürger hat also die Pflicht, die Demokratie zu schützen. Vor allem weil die Wahlverweigerer durch ihr Verhalten indirekt die extremen Parteien unterstützen. Denn diese gewinnen automatisch prozentual mehr Stimmenanteile, wenn die etablierten Volksparteien wie SPD oder CDU ihre Wähler verlieren. Dabei ist der Zeitaufwand für einen Wahlgang wirklich gering!

DEUTSCHE DEMOKRATIE

Aufgabe 6: *Wie könnte man das Problem der Politikverdrossenheit lösen? Bildet Kleingruppen zu 4-5 Personen und arbeitet mindestens vier Lösungsvorschläge aus.*

15 Die Lösungen

1

Aufgabe 1: Individuelle Lösungen.

Aufgabe 2: Die DDR war nur eine Scheindemokratie, weil sie nur nach außen den Anschein hatte, eine Demokratie zu sein. Es gab in der DDR zwar Wahlen, welche zunächst ein wichtiges Prinzip eines demokratischen Staates sind. Aber die Wahlen selbst waren nicht demokratisch. In einer Demokratie muss es für die Bürger die Möglichkeit geben, einen Regierungswechsel herbeizuführen. Das war in der DDR aber nicht möglich, denn den Bürgern blieb letztendlich nichts anderes übrig, als die SED zu wählen. Die Wahlen in der DDR waren daher nicht frei. Sie waren aber auch nicht wirklich geheim, denn niemand traute sich, Wahlkabinen zu benutzen.

Aufgabe 3: Rechtsstaatlichkeit bedeutet, dass sich der Staat bei der Machtausübung unbedingt an die Verfassung, vor allem an die Grundrechte, halten muss. Dadurch sollen die menschlichen Grundrechte bewahrt werden.

Aufgabe 4:

Legislative	Exekutive	Judikative
Abgeordneter	Polizist; Minister; Bundeskanzler; Bundespräsident; Verwaltungsbeamter	Staatsanwalt Richter

2

Aufgabe 1: <u>Lösungsvorschläge:</u>

1. Ursprungsland Griechenland
2. Entwicklung der Stadtstaaten
3. Eine „Halbdemokratie"
4. Entwicklungen unter Solon
5. Eine neue Diktatur entsteht
6. Die Demokratie unter Kleisthenes
7. Das Ende der Diktatur unter Alexander dem Großen

Aufgabe 2:
a) Erste Formen der Demokratie entwickelten sich vor mehr als 2500 Jahren in Griechenland.
b) Das Relief Griechenlands hat zu damaliger Zeit dazu beigetragen, dass sich nicht etwa ein großes Königreich gebildet hat, sondern viele kleine Stadtstaaten. Diese waren alle unabhängig voneinander.

Aufgabe 3:
a) Als Polis bezeichnet man die antiken, griechischen Stadtstaaten.
b) So nannte man adelige Beamte, die jeweils für ein Jahr regierten.
c) Das sind Eigentümer von großen Flächen an Land, auf dem Landwirtschaft betrieben wird.
d) Ein Tagelöhner ist ein Arbeiter ohne festes Arbeitsverhältnis, der täglich seinen Lohn erhält.

Aufgabe 4: <u>Zusammengehörende Paare:</u> A - 2;   B - 1;   C - 3

Aufgabe 5: Nach heutigem Verständnis spricht man erst von einer echten Demokratie, wenn die Herrschaft vom ganzen Volk ausgeht. In Griechenland waren es aber immer nur bestimmte Bürger, die wählen durften. So waren es zuerst faktisch nur Adelige, ab 594 v. Chr. nur Bürger aus reicheren Schichten und ab 507 v. Chr. alle Bürger außer Frauen, Sklaven und Zuwanderern, die ein Wahlrecht hatten.

Aufgabe 6: <u>Lösungsvorschlag:</u>

Bauer:
So langsam habe ich es satt! Was bringt uns unser Wahlrecht? Wir dürfen doch sowieso nicht wählen!

Hirte:
Du hast Recht! Es nützt uns überhaupt nichts, denn wählen dürfen nur die Adeligen.

Bauer:
Wir ackern so hart und was haben wir davon? Nichts! Im Gegenteil, wir werden sogar noch dafür bestraft.

Hirte:
Genau! Wir sind dazu gezwungen, Schulden bei den Adeligen zu machen. Und wenn das nicht schon genug wäre. Nein, dafür müssen wir auch noch unser Wahlrecht an sie abtreten. Wir sind abhängig von ihnen und werden es immer bleiben, wenn das so weitergeht.

Bauer:
Ja! Und außerdem wird es so nie dazu kommen, dass auch unser Wille vertreten wird. Denn welcher Adeliger, der in die Regierung gewählt wird, würde denn für unsere Interessen einstehen?

Hirte:
Daran muss sich etwas ändern. Wenn wir doch nur keine Schulden bei den Adeligen hätten!

Bauer:
Genau, denn dann wären wir nicht mehr abhängig von ihnen. Wir müssten unser Wahlrecht nicht abtreten und unsere Stimme würde auch wirklich etwas zählen.

3

Aufgabe 1:

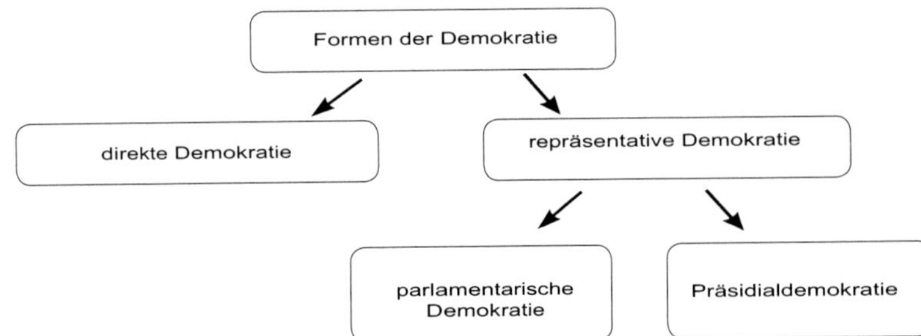

DEUTSCHE DEMOKRATIE

3 **Aufgabe 2:**

a) a) wahr;   b) falsch;   c) falsch;   d) wahr;   e) wahr

b) b) Es lässt sich keine dieser Formen in der Praxis in „Reinkultur" umsetzen.

c) Die repräsentative Demokratie lässt sich unterscheiden in die parlamentarische Demokratie und in die Präsidialdemokratie.

Aufgabe 3:

Direkte Demokratie	Indirekte Demokratie
- Regelmäßige Volksabstimmungen - Volksentscheide - Politisches Engagement der Bürger	- Das Parlament spielt eine wichtige Rolle - Parteien - Bürger wählen Volksvertreter

Aufgabe 4:

a) Das Volk wählt nicht nur das Parlament, sondern in einer zusätzlichen Wahl auch das Staatsoberhaupt, den Präsidenten. Somit liegt im präsidialen Regierungssystem eine Trennung von Legislative und Exekutive vor.

b) Es wird die Form der parlamentarischen Demokratie meist deshalb kritisiert, weil sie als nicht bürgernah angesehen wird, da viele Entscheidungen über Vertreter laufen und nicht über das Volk selbst. Bei einem präsidial-demokratischen System ist zu kritisieren, dass es leicht zu einem Politikstillstand kommen könnte, wenn sich das Parlament und der Präsident nicht bemühen, ein Einverständnis herbeizuführen.

Aufgabe 5:   Individuelle Lösungen.

Aufgabe 6:

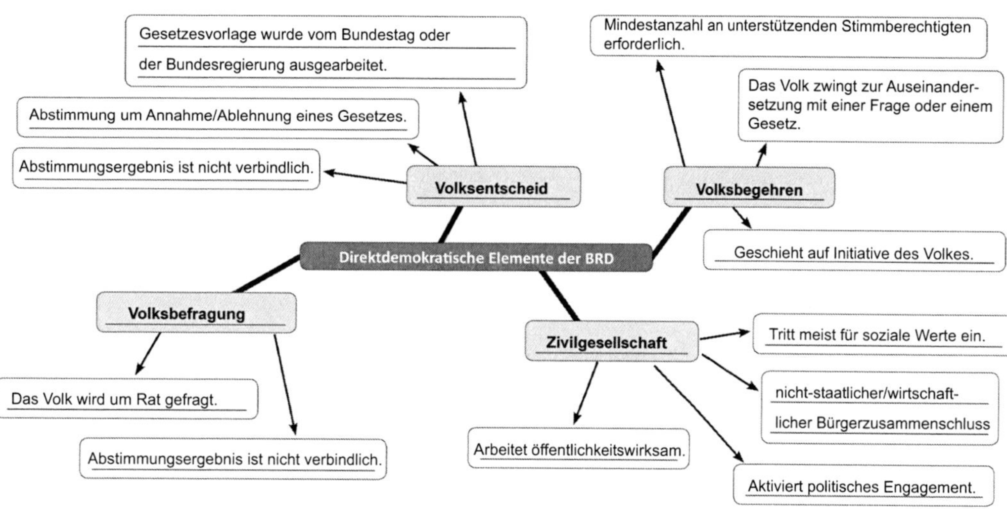

Aufgabe 7:

Pro **direktdemokratische Elemente**	Contra **direktdemokratische Elemente**
- Nur die direkte Demokratie ist eine echte Demokratie, weil Entscheidungen direkt vom Volk getroffen werden. - Politiker würden viel mehr die Meinung des Volkes berücksichtigen. - Größere Akzeptanz der politischen Entscheidungen beim Volk. - Größere Bereitschaft, die Folgen von politischen Entscheidungen zu tragen. - Die Menschen würden sich mehr politisch bilden.	- Großer organisatorischer Aufwand. - Mangel an Fachwissen vieler Bürger. - Mangel an Zeit und Interesse vieler Bürger, sich mit politischen Fragen zu beschäftigen. - Die direkte Demokratie gibt nur vor, die Meinung des Volkes widerzugeben. - Minderheiten könnten durch erfolgreiche Medienkontrolle der Mehrheit ihre Meinung aufzwingen.

Aufgabe 8:   Individuelle Lösungen.

4 **Aufgabe 1:**   Lösungswort: R E C H T

Aufgabe 2:   individuelle Lösungen.

DEUTSCHE DEMOKRATIE
Das Wesen der Staatsgewalt   —   Bestell-Nr. 11 771

KOHL VERLAG

4 **Aufgabe 3:**

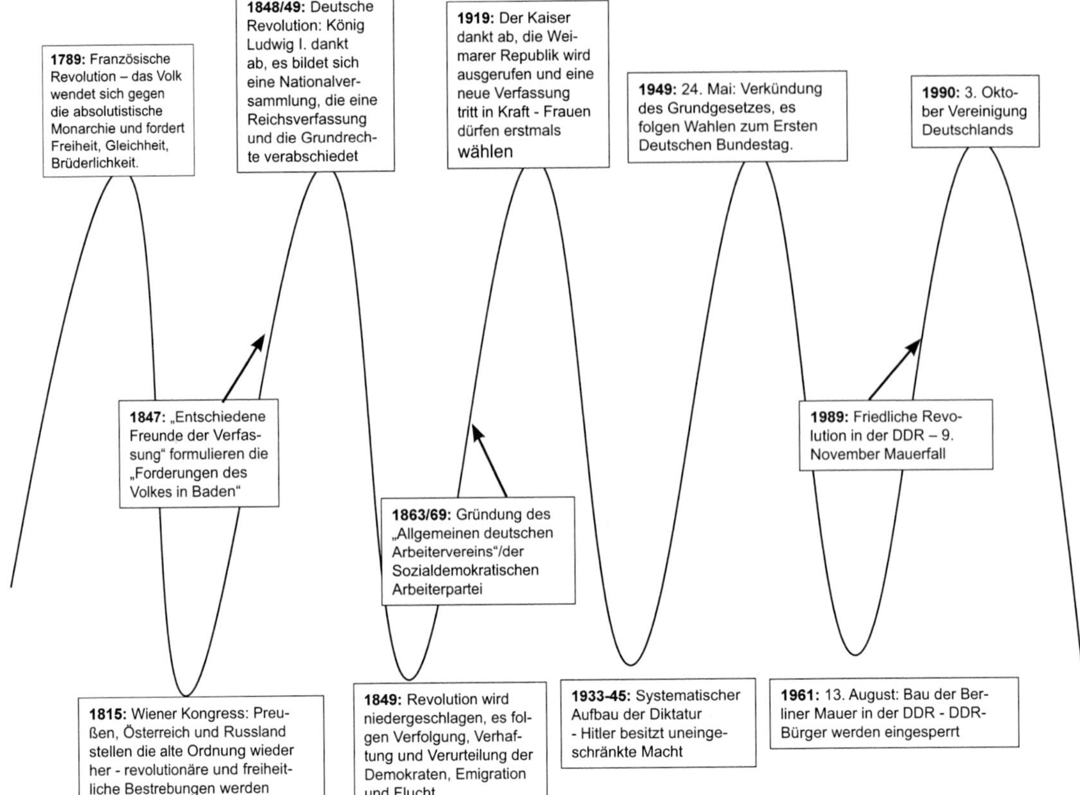

5 **Aufgabe 1:**

a) Am wichtigsten ist der Bundestag. Von ihm gehen wichtige Handlungen und Entscheidungen aus. So ist es der Bundestag, der zusammen mit dem Bundesrat Gesetze beschließt. Außerdem wählt er die Bundesregierung, die aus den Ministern sowie dem Kanzler bzw. der Kanzlerin besteht. Zusätzlich wählt er die Richter, die im Bundesverfassungsgericht sitzen. Schließlich bildet er die Hälfte der Bundesversammlung.

b) Der Bundestag stützt sich auf das Volk. Denn die deutschen Bürger wählen alle vier Jahre den Bundestag. Er stellt somit die Vertretung des Volkes dar.

Aufgabe 2:

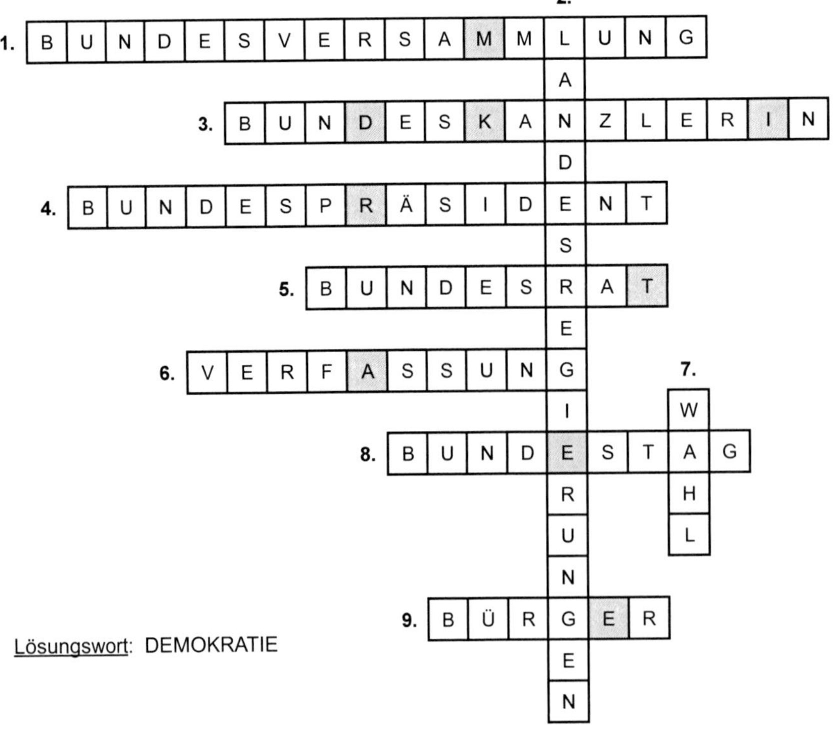

Lösungswort: DEMOKRATIE

6

Aufgabe 1: Zusammengehörende Paare: 1 - E;   2 - I;   3 - D;   4 - B;   5 - G;   6 - C;   7 - F;   8 - H;   9 - A

Aufgabe 2: Individuelle Lösungen.

7

Aufgabe 1:
 a) Parteien sind Gruppen von Menschen, die gemeinsame Ideen haben und die die Interessen der Bevölkerung vertreten möchten. Parteien wollen möglichst an der Regierung teilhaben. So vertreten beispielsweise die Grünen die Interessen der Menschen, die sich für die Umwelt einsetzen möchten.
 b) Beispiele: CDU, CSU, SPD, FDP, GRÜNE, LINKE, AFD, Piratenpartei, NPD ...

Aufgabe 2:
 Fraktion: Organisatorische Gliederung im Parlament, in der alle Abgeordneten einer Partei oder befreundeter Parteien zusammengeschlossen sind.
 Abgeordneter: Ein vom Volk für eine festgelegte Zeit in eine parlamentarische Institution gewählte Vertreter (auch Deputierter, Delegierter)
 Volkspartei: Partei, die Mitglieder und vor allem Wähler in allen Gruppen der Bevölkerung hat (und über eine große Anhängerschaft verfügt)

Aufgabe 3:

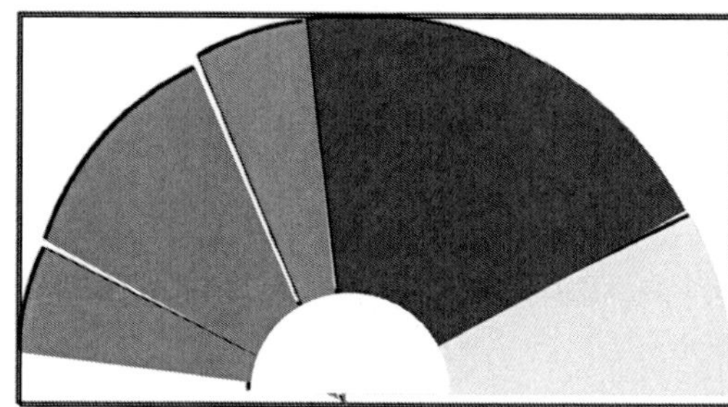

schwarz = CDU/ CSU
rot = SPD
= FDP
Die Linke = Die Linke
= Grüne

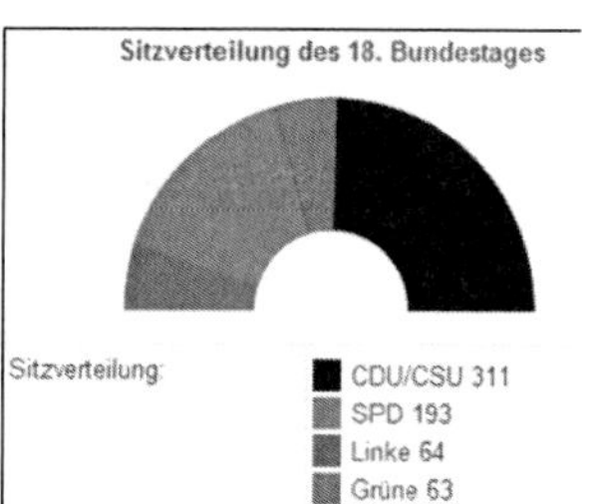

Aufgabe 4: Im Vergleich der beiden Wahlergebnisse, die 4 Jahre auseinanderliegen, lässt sich feststellen, dass die FDP keine Sitze mehr im Bundestag belegt. Deutlich an Sitzen zugenommen hat dafür die schwarze Fraktion CDU/CSU. Kaum verändert haben sich die Sitzkapazitäten der Grünen. Sie bilden eine neue Ausrichtung im Programm der Bundesregierung. Viele Punkte aus dem Programm der Partei werden in der Bundesregierung heiß diskutiert und auch versucht, umzusetzen. Stark zugenommen hat auch die Sozialdemokratische Partei, die mittlerweile eine Koalition mit der Schwarzen Fraktion und damit die aktuelle Bundesregierung bildet.

8

Aufgabe 1: In dieser Reihenfolge: personalisiertes Verhältniswahlsystem, Zweitstimme, Erststimme, (Direkt-)Kandidat, Partei, Sitzverteilung, Bundestag/Parlament, 598, Zweitstimmen, Parteien

Aufgabe 2:
 a) a) wahr; b) falsch; c) wahr; d) falsch; e) wahr
 b) b) Wer die meisten Erststimmen im Wahlkreis erhält, zieht auf jeden Fall in den Bundestag ein.
  d) Im Deutschen Bundestag gibt es regulär 598 Sitze.

Aufgabe 3:

Erststimme	Zweitstimme
- Wahl eines Direktkandidaten - unabhängige Kandidaten - regionale Bürgervertretung	- Wahl einer Partei - maßgebliche Stimme - Kräfteverhältnis im Bundestag - jede Stimme zählt - Fünf-Prozent-Hürde

Aufgabe 4:
 a) Eines von mehreren Gebieten, in die ein Land für Wahlen unterteilt wird und in dem die Wahlberechtigten eine bestimmte Zahl von Abgeordneten ins Parlament wählen.
 b) Die sogenannte Sperrklausel (§ 6 Abs. 6 BWahlG) besagt, dass Parteien, die im gesamten Wahlgebiet unterhalb eines Anteils von fünf Prozent der gültigen Stimmen geblieben sind, bei der Verteilung der Sitze nicht berücksichtigt werden.
 c) Unter Koalition im parlamentarischen System Deutschlands wird der Zusammenschluss zweier oder mehrerer Parteien bzw. ihrer Fraktionen zum Zwecke der Bildung und Unterstützung einer Regierung verstanden.

DEUTSCHE DEMOKRATIE
Das Wesen der Staatsgewalt – Bestell-Nr. 11 771
KOHL VERLAG

8   **Aufgabe 5:**   Das personalisierte Verhältniswahlsystem hat den Vorteil, dass (durch die Zweitstimme) nicht nur die Parteien und deren Kräfteverhältnis im Bundestag bestimmen können. Durch die Wahl eines Direktkandidaten (durch die Erststimme) können regionale Bürgerinteressen viel besser vertreten werden. Der Wähler hat einen viel engeren Kontakt zum Kandidaten. Weil dabei aber viele Stimmen verloren gehen, gibt es die Zweitstimme, bei der alle Stimmen berücksichtigt werden, was für mehr Gerechtigkeit sorgt.

9   **Aufgabe 1:**   1. Klassensprecher;   2. SMV (Schülermitverwaltung);   3. Elternbeirat

  Aufgabe 2:   Individuelle Lösungen.

  Aufgabe 3:   Individuelle Lösungen.

10   **Aufgabe 1:**   Individuelle Lösungen.

  Aufgabe 2:   <u>Richtige Nummerierung (von oben nach unten)</u>:   5, 2, 8, 6, 7, 1, 4, 3

  Aufgabe 3:

	Bundes-regierung	Bundes-tag	Bundes-rat	Bundes-präsident
Kann eine Gesetzesvorlage einbringen	X	X	X	
Muss zur Stellungnahme kontaktiert werden	X		X	
Stimmt über Gesetze ab		X	X	
Unterschreibt das neue Gesetz	X			X
Fertigt das Gesetz aus und verkündet es				X

  Aufgabe 4:   a) Bei Zustimmungsgesetzen handelt es sich um Gesetze, die auch die Bundesländer betreffen. Weil im Bundesrat die Vertreter der einzelnen Landesregierungen sitzen, müssen diese zustimmen.
  b) Ein Gesetz gilt dann als gescheitert, wenn bei Zustimmungsgesetzen zwischen dem Bundestag und dem Bundesrat kein Kompromiss zustande kommt.

  Aufgabe 5:   <u>Mögliche Lösung</u>:
  „Der Weg bis zum Beschluss eines Gesetzes ist oft sehr lang. Das liegt zum einen daran, dass ein Gesetz genau formuliert werden muss. Wenn es nicht klar formuliert ist, ist das Gesetz unbrauchbar. Zum anderen leben wir in einer Demokratie und es geht nicht, dass eine einzelne Person Gesetze einfach beschließt. Viele Menschen sind daran beteiligt. Damit soll erreicht werden, dass möglichst alle Gesichtspunkte und alle Interessen berücksichtigt werden. Außerdem soll dadurch erreicht werden, dass die Macht verteilt und kontrolliert wird.“

11   **Aufgabe 1:**   1. Was ist Lobbyismus?
  2. Lobbyismus als politische Einflussnahme
  3. Gefahren des Lobbyismus
  4. Mehr Transparenz

  Aufgabe 2:   Lobbyismus bezeichnet die Interessenvertretung gesellschaftlicher Gruppen bei politischen Entscheidungen durch Interessenverbände.

  Aufgabe 3:   a) **a)** wahr;   **b)** falsch;   **c)** wahr;   **d)** falsch;   **e)** falsch;   **f)** wahr
  b) **b)** Verbände vertreten wirtschaftliche, gesellschaftliche oder geschäftliche Interessen.
  d) „Global Player“ sind Unternehmen, welche hauptsächlich auf internationaler Ebene agieren.
  e) Die Zunahme an Macht solcher riesiger Unternehmen ist den Menschen eher von Nachteil.

  Aufgabe 4:   Der Aussage „Lobbyismus gefährdet unsere Demokratie“ kann man insofern zustimmen, wenn es sich um unerlaubte Einflussnahme auf politische Entscheidungen wie zum Beispiel durch Korruption oder Bestechung handelt. Denn dann sind diejenigen Interessenverbände im Vorteil, die über mehr Einfluss auf die Politik verfügen. Politische Entscheidungsträger werden dann so beeinflusst, dass sie nicht mehr zum Wohle der Allgemeinheit handeln, sondern im Interesse eines einzigen Verbandes wie zum Beispiel von wirtschaftlichen Unternehmen. Dies kann aber zum Nachteil von Arbeitnehmern sein.

  Aufgabe 5:   Wenn Abgeordnete neben ihrer Arbeit im Bundestag noch eine Nebentätigkeit ausüben, dann kann es dazu kommen, dass sie in ihren politischen Entscheidungen nicht mehr unabhängig sind, sondern diese zugunsten der Branche treffen, in der sie zusätzlich arbeiten. Bei einem Abgeordneten, der beispielsweise als Vorsitzender eines Unternehmens in der Autobranche viel Geld nebenbei verdient, besteht die Gefahr, dass er politische Entscheidungen zugunsten der Automobilbranche trifft.

11 **Aufgabe 6:**   <u>Beispiel für einen Global Player</u>: Adidas

Die Adidas AG mit Sitz in Herzogenaurach ist ein deutscher Sportartikelhersteller mit den Marken Adidas, Reebok und TaylorMade. Das Unternehmen hat Standorte in Europa, in den USA, in Mittel- und Südamerika und auf dem asiatischen Kontinent. Adidas wurde in der Vergangenheit immer wieder dafür kritisiert, dass der Konzern die Arbeitsrechte der Menschen in den Produktionsländern nicht respektieren würde. Wie die Medien berichten, würde beispielsweise in Indonesien der Lohn so gering sein, dass Arbeiter oft viele Überstunden machen müssten.

Aufgabe 7:   Individuelle Lösungen.

12 **Aufgabe 1:**   Der Begriff „Pluralismus" bezieht sich auf eine Gesellschaft, in der unterschiedliche Wertevorstellungen und Denkweisen nebeneinander existieren.

Aufgabe 2:   Es gibt beispielsweise unterschiedliche Werte in den Bereichen Erziehung, Religion, Stellenwert der Familie, Umgang mit der Umwelt usw..

Aufgabe 3:   Zum Beispiel kann es zu einem Wertekonflikt kommen im Bereich Religion. Manche sind dafür, dass es eine strikte Trennung zwischen Staat und Religion gibt. Andere befürworten, dass die Religion in unserem staatlichen und institutionellem Leben wie zum Beispiel in der Schule ebenso eine Rolle spielt.

Aufgabe 4:   Individuelle Lösungen.

13 **Aufgabe 1:**   Individuelle Lösungen.

Aufgabe 2:

A	R	B	E	I	T	S	B	E	D	I	N	G	U	N	G	E	N
U	L	U	P	B	C	S	W	E	D	L	X	Ü	N	L	H	F	R
S	C	V	N	M	L	D	R	T	D	I	D	W	T	S	A	U	O
L	Q	Ö	H	J	F	B	C	H	Y	L	P	S	E	Q	W	H	J
Ä	T	Z	I	G	F	V	H	S	C	H	Ä	D	R	A	P	H	L
N	P	Ö	D	E	V	B	M	Y	X	U	O	S	D	D	R	E	I
D	Ö	D	I	S	K	R	I	M	I	N	I	E	R	U	N	G	L
E	F	Q	Ö	H	J	F	B	C	H	Y	L	P	Ü	D	H	J	S
R	V	T	Z	I	G	F	V	H	S	C	H	Ä	C	K	M	K	V
Z	G	G	O	R	N	M	T	P	R	O	J	E	K	T	E	P	O
H	L	U	P	B	C	S	W	I	D	L	X	Ü	U	D	K	A	R
D	C	V	N	M	L	D	R	T	D	I	D	W	N	X	I	E	W
U	Q	Ö	H	J	F	B	C	H	Y	L	P	S	G	P	U	I	Ü
O	T	Z	I	G	F	V	H	S	C	H	Ä	D	S	I	R	S	R
N	M	E	N	S	C	H	E	N	R	E	C	H	T	E	E	D	F
M	G	P	D	C	Y	R	H	G	P	D	C	Y	R	H	Ö	B	E
R	F	I	S	Ö	Q	M	D	F	I	S	Ö	Q	M	D	K	V	T
G	L	E	I	C	H	B	E	R	E	C	H	T	I	G	U	N	G

Aufgabe 3:   Die Menschenrechte haben in Deutschland einen besonderen Stellenwert, indem es weltweit zum Beispiel durch Projekte zum Schutz der Menschenrechte beiträgt. Allerdings gibt es auch Vorwürfe gegenüber Deutschland, Menschenrechte verletzt zu haben, indem Waffen an Länder verkauft wurden, die zur Unterdrückung von Menschen eingesetzt werden. Außerdem werden Deutschland auch Menschenrechtsverletzungen gegenüber Ausländern in Form von Feindlichkeit und Diskriminierung vorgeworfen. Zuletzt stehen auch deutsche Unternehmen aufgrund der schlechten Arbeitsbedingungen im Ausland, aber auch fehlender Gleichberechtigung zwischen Männern und Frauen in der Kritik.

Aufgabe 4:   <u>Beispiele</u>:

Persönlichkeitsrechte: • Recht auf Leben und körperliche Unversehrtheit
• Schutz vor Körperstrafen und Menschenversuchen

Freiheitsrechte: • Recht auf Eigentum, Handlungsfreiheit, Meinungsfreiheit, Religionsfreiheit, Versammlungsfreiheit

soziale Menschenrechte: Recht auf Bildung, Gleichberechtigung von Mann und Frau, Recht auf Arbeit und angemessene Entlohnung

DEUTSCHE DEMOKRATIE
Das Wesen der Staatsgewalt   —   Bestell-Nr. 11 771

KOHL VERLAG

13 **Aufgabe 5:**

a) In Deutschland ist die Allgemeine Erklärung der Menschenrechte stark in den Köpfen der Menschen verankert und besitzt aufgrund der deutschen Geschichte einen besonderen Stellenwert.

b) Weltweit trägt Deutschland mit Projekten und Initiativen dazu bei, dass der Schutz der Menschenrechte gewahrt wird.

c) Der Vorwurf lautet, dass Deutschland in den vergangenen Jahren Waffen nach Saudi-Arabien, Ägypten, Libyen, Bahrain oder in den Jemen geliefert hat. Dabei sei absehbar gewesen, dass diese auch zur Unterdrückung von friedlichen Protesten eingesetzt würden. Vorwürfe im Zusammenhang mit dem Anti-Terror-Kampf machte Amnesty auch deutschen Behörden. Migranten ohne regulären Aufenthaltsstatus würden nach wie vor ihre wirtschaftlichen, sozialen und kulturellen Rechte vorenthalten werden.

d) Viele deutsche Unternehmen geraten wegen schlechter Arbeitsbedingungen oder Umweltverschmutzung insbesondere in ihren ausländischen Werken in Erklärungsnot. Auch die Gleichberechtigung zwischen Mann und Frau ist in Deutschland nicht in allen Unternehmen vorzufinden.

Aufgabe 6: Individuelle Lösungen.

14 **Aufgabe 1:**

Politikverdrossenheit ist einer der großen Kritikpunkte am demokratischen System der Bundesrepublik. Darunter versteht man das fehlende Engagement und Interesse der Bürger für politische Aktivitäten, Strukturen und Institutionen. Ein Grund für Politikverdrossenheit besteht zum Beispiel in der mangelnden Nähe der Politiker zu den Bürgern. Viele finden auch, dass Politiker unehrlich sind und die Versprechen ihrer Wahlprogramme nicht einhalten.

Aufgabe 2:

- mangelnde Bürgernähe
- schwache Vertretung der jungen Bevölkerung
- Unehrlichkeit der Politiker
- Nichteinhaltung von Wahlversprechen
- Intransparenz von politischen Vorgängen und Prozessen
- Eigeninteresse der Politiker größer als das Gemeinwohl der Bevölkerung
- Negative Berichterstattung der Medien

Aufgabe 3:

Zu sehen sind die Gründe, weshalb das Interesse am politischen Leben abnimmt. Bemerkenswert ist die große Unzufriedenheit mit den Politikern, dicht gefolgt von dem Gedanken, durch Wahlversprechen belogen zu werden. Erwähnenswert ist auch die Tatsache, dass sich dieser negative Trend von 2002 bis 2009 enorm gesteigert hat. Ein Ende dieses Trends ist nicht in Sicht.

Aufgabe 4:

Mögliche Antwort: „Ein demokratischer Staat kann auf Dauer nur ein begrenztes Maß an Politikverdrossenheit ertragen. Denn je ablehnender die Bevölkerung gegenüber der Politik wird, desto geringer ist die Wahlbeteiligung. Eine Demokratie lebt aber von ihren Wählern. Wenn das so weitergeht, dann wird unsere hart erkämpfte Demokratie bald aussterben."

Aufgabe 5: Individuelle Lösungen.

Aufgabe 6:

• gerechte Behandlung der Menschen
• Korruption (Finanzskandale, Korruptionsaffären) in Politik und Wirtschaft muss abgeschafft werden
• Jugend mehr in Politik einbeziehen (z.B. „Wählen mit 16"; „Plauener Jugend-parlament")
• Abbau von zu viel Bürokratie beschleunigen des Gesetzgebungsprozesses
• Schaffung von Arbeitsplätzen und Lehrstellen
• politischen Bildungsstand erhöhen
• verantwortungsbewusstere Berichterstattung der Medien (größte Informati-onsquelle)
• Einführen von Volksentscheiden auf Bundesebene
• mehr Engagement der Bevölkerung (Bürgerinitiativen, Jugendparlament)
• mehr Transparenz, bessere Möglichkeit zur Identifizierung mit den Zielen von Parteien/Abgeordneten